企業トップの熱く燃える想い

東北で輝く七社のトップと経営コンサルタントが伝える

企業成長の物語

長井 三郎

ニュークリエイトマネジメント

はじめに

一つの会社をつくり、育てるには猛烈なエネルギーが必要です。そして、何よりも「こんなことがしたい」「こんな会社をつくりたい」という強い願望が欠かせません。

この「熱い想い」「燃える想い」が社員を鼓舞し、携わる人のやる気に火をつけます。携わる人が、この「熱く燃える想い」に染まったとき、会社は皆の夢に向かって一直線に走り出します。

ところが、経営診断などで初めてお手伝いする時に、いつも疑問に思うことがあります。それは経営トップの「熱い想い」が、一般社員のみならず、経営幹部にも共有されていないことがあまりにも多いという事実です。

これは単にコミュニケーションだけの問題ではなく、経営トップ・経営幹部双方の信頼関係や、経営体制などのあり方にかかわる、重要な問題があることを物語っています。

「熱い想い」に限らず、経営上層部や社員が目指す方向を共有できなければ、発展し続ける企業とはなり得ません。

今回、創業三十五年を期に、時代を共に過ごした経営トップの方々に執筆をお願いし、昭和・平成・令和と移り変わる中で私が書き記したいくつかを合わせて出版したいと考えました。

出版する小冊子の仮題は「―あとに続くあなたへ―私が本当に伝えたいこと」とお伝えし、内容は自由にご執筆下さいとお願いしました。

執筆いただいた七名の方々は、地域業界を代表する企業のトップであり、創業から約半世紀経った今も「熱い想い」を発信し続け、社員のやる気を燃やしています。超多忙の中で快く執筆いただき、感謝に堪えません。お寄せいただいた原稿に目を通したとき、それぞれのすさまじい生きざまに触れ、感動で心を揺さぶられたことを覚えています。心からお礼を申し上げます。

お一人おひとりの何気ない言葉の端々にひそむ、「熱い想い」を感じとっていただければと思っております。

なお、本書は二部構成で、次のようになっております。

第一部　新しい価値を求めて

経営とは多くの人が集まって新しい価値を生み出す活動です。新しい価値を発見し創造するために、企業に何が求められているのか、そのことを七社の経営者の実際の歩みと思いを通して明らかにします。

第二部　経営コンサルタントの足跡

経営コンサルタントの道に入って四十五年、実際に経営コンサルタント会社を経営した三十六年の中で出会った数多くの企業の中で、記憶に刻まれた出来事や伝えたいことを物語や今月の言葉として表しました。

本書を通して経営トップの「熱い想い」をお伝えでき、皆さまの活動に多少なりとも刺激を及ぼすことができればこんなうれしいことはありません。

二〇二四年八月

ニュークリエイトマネジメント

代表　長井　三郎

もくじ

はじめに……1

執筆者プロフィール……7

第一部　新しい価値を求めて……11

第一章　新しい価値の発見と創造……12

・創業からサテライト方式へ……12

・中小企業に求められる十の価値……13

第二章　伝えたいこと　―経営者の歩みと思い―……20

・未来に旗を立てて
株式会社菓匠三全　代表取締役会長　田中裕人……21

・先ず思うことが大切　―転んだら立ち上がる―
株式会社アート不動産　会長　櫻井澄男……27

・みち　―郷土とともに歩んで―
株式会社大場組　会長　大場利秋……36

・後継者が持つべき本物の覚悟とは
有限会社睦建設　社長　伊東　睦……45
・一灯のランプの心を掲げる
株式会社太郎庵　相談役　目黒督朗……53
・あとへ続くあなたへ　―私が本当に伝えたいこと―
ＫＩＳＥＩグループ（株式会社紀生）会長　守末紀生……64
・倒産からベンチャーキャピタル出資まで
プレファクト株式会社　社長　白田良晴……90

第二部　経営コンサルタントの足跡……115
第一章　経営はドラマだ―心に残ったシーンを物語で再現―……116
・ひまわり社長の笑顔……116
・社長を支える最後のとりで……120
・鬼軍曹健在なり……123
・タクアンに教えられた日……126
・意外なひろいもの……130
・命のバトン……133
・逆境の中の真実……136

・大転換の人生航路……140
・きっと良くなる……142
・過ちをくり返さない……146
・夢のバトン……149
・父の背中は広かった……152

第二章　今月の言葉　―三十六年贈り続けた言葉―……156
・求められるのはスピードある行動力……156
・寒風に立つ……160
・人への投資……166
・意外性の発見……170
・二刀流……175
・真のリーダーを得て結実する……180

おわりに……186
参考……189

執筆者プロフィール（敬称略、掲載順）

株式会社菓匠三全
代表取締役会長　田中裕人
（所在地）宮城県仙台市
（創　業）一九四七年十月
（業　種）洋菓子・和菓子製造販売
https://www.sanzen.co.jp
X：https://x.com/kashosanzen
Instagram：https://www.instagram.com/kashosanzen/

株式会社アート不動産
会　長　櫻井澄男
（所在地）岩手県盛岡市
（創　業）一九八四年一月
（業　種）総合不動産／高齢者福祉
https://www.art-f.co.jp

株式会社大場組
会　長　大場利秋
（所在地）山形県最上町
（創　業）一九七一年十一月
（業　種）総合建設／高齢者福祉
http://o-bagumi.co.jp

有限会社睦建設
社　長　伊東　睦
（所在地）青森県三沢市
（創　業）一九六一年二月
（業　種）土木建設
https://www.mutsumi-kensetsu.jp

株式会社太郎庵
相談役　目黒督朗
（所在地）福島県会津坂下町
（創　業）一九四九年八月
（業　種）和菓子・洋菓子製造販売
https://www.taroan.co.jp

ＫＩＳＥＩグループ（株式会社紀生）
会　長　守末紀生
（所在地）宮城県仙台市
（創　業）一九七〇年十月
（業　種）総合美容／ブライダル／美容・服飾教育
https://www.kisei.jp

プレファクト株式会社

社　長　白田良晴

（所在地）山形県東根市

（創　業）二〇〇六年四月

（業　種）精密機械加工

https://www.prefact.co.jp

第一部　新しい価値を求めて

第一章　新しい価値の発見と創造

創業からサテライト方式へ

ビルの小さな一室で語り合った夢は、「新しい価値を発見し創造しよう」というものでした。そして社名をニュークリエイトマネジメントとして出発したのが、三十六年前になります。

以来、東北六県、東京、新潟、九州と顧客創造に励み、コンサルタントも十名を超え、東京以北で最大のコンサルタント集団となりました。バトンを受けて数年経ったころ、私自身が治療法のない消化器系の病気に罹かり、方向転換を余儀なくされました。コンサルタントがそれぞれ独立し、協業するサテライト方式をとり今日に至っています。

「新しい価値の発見」とは抽象的な意味ではなく、顧客企業が自覚していないその企業独自の価値を発見し、それを絶対的な価値に押し上げ、企業の柱とする。それができたら、さらにその企業に革新的な意義をもたらす「新しい価値を創造する」というものです。

今回執筆いただいた七社は独自の価値を磨き上げ、さらに日々新しい価値の創造に邁進している企業です。

そこで今、あらためて中小企業に必要な価値を取り上げてみました。ここでいう価値とは難しいものではなく、「値打ち、有用性、善いもの、望ましいもの」という意味のものです。

中小企業に求められる十の価値

厳しい環境の中で中小企業が生き残ることは簡単ではありません。そのために求められる大切なことを十に絞りまとめました。価値ある企業として生き残るために、どれ一つ欠くことはできません。

中小企業に求められる十の価値

一．価値ある社長の存在

二．目指す方向、実現したい夢、大切にしたいことなどを明文化したもの

三．固有の技術、サービス、ノウハウ

四．トップを支えるナンバー２の存在

五．企業の目指す方向、理念、夢に共感し、実践する社員

六．自社の価値に共感し、支援し、活用してくれる顧客

七．人が集まり、育つ仕組み

八．自由に、伸びやかに、力を発揮できる環境

九．業績を継続して生み出すマネジメントの仕組み

十．自社に共感し、支援し、投資してくれる経営者、企業、団体など

一、価値ある社長の存在

企業は社長の器で決まります。社長となった以上は、日々その器を磨く鍛錬を怠ることはできません。社長がやるべきこと、求められることは山のようにありますが、少なくとも次のことに集約されます。

三つの意識

㈠、社長としての覚悟を固める

会社の業績、将来、関係する人などすべてが社長に掛かってきます。経営はうまくいかないことばかり、それはすべて社長の責任という覚悟がなければ社長はつとまりません。

㈡、社員としっかり向き合う

経営はトップの在り方で決まりますが、日々の業績をつくるのは社員です。人材は一朝一夕でつくられません。日ごろから社員との接触を図ることで相互信頼関係が生まれ、新しい価値の創造に向けたパワーが醸成されます。

㈢、お客さまを知る

企業にとって社長そのものが看板であり、ブランドです。一営業マンが動くのとではお客さまに与える影響力は全く違います。社長自身が訪問することで真のニーズをつかむことができ、自社の客観的な立ち位置を把握することができます。

四つの仕事

㈠、方針やビジョンを示す

方針やビジョンを明示することで先の先を考えることができ、社員を動機づけ、奮い立たせることができます。

㈡、意思決定をする

経営は常に迅速な意思決定が求められます。進むべき方向やとるべき手段を誤らないために、的確な価値判断の物差しが必要です。何を基準とするかで行動が全く変わってきます。

㈢、社風をつくる

良い社風とは社員が働きがい、やりがいを持てる雰囲気や仕組みがあるということです。働きやすい条件と環境が整っており、仕事に対するモチベーションが高い職場は一人ひとりが生き生きとして、良い社風に包まれていると言えます。

㈣、人を育てる

育てようとしても人は育ちません。社員が自発的に責任を持ってチャレンジする環境を整え、的確に評価し、フォローする仕組みが、結果として人材を育てることになります。

二、目指す方向、実現したい夢、大切にしたいことなどを明文化したもの

理念やビジョン、方針は、バラバラな各人の物の見方、考え方、目標などを一つにまとめ、力を結集させる効果があります。この力は想定を超える巨大なエネルギーをもたらせてくれます。

三、固有の技術、サービス、ノウハウ

起業するときは、それまでに体験し習得した技術、サービス、ノウハウなど人より優れた何らかの強みがあります。それを磨き強化して初めて、自社固有の売り物となります。起業し、その売り物が顧客に鍛えられることで、ようやく本物の売り物となります。

四、トップを支えるナンバー2の存在

技術もサービスもノウハウも一人で扱っているうちはものになりません。自分以外の誰かとやりとりする中で変化していきます。この「打てば響く」存在がナンバー2であり、トップが真に心を許し、信頼できる相手です。

五、企業の目指す方向、理念、夢に共感し、実践する社員

夢の実現の実践を通して、社員は仕事への誇りや社会貢献の実感を得ることができます。仕事での達成感、充実感が次のステップへのパワーとなります。

六、自社の価値に共感し、支援し、活用してくれる顧客

お客さまあっての自社です。提供する商品は何であれ、感謝の思いを込めて提供しているか、奉仕の精神が行き届いているか、アフターフォローは完璧か、いつも最高のおもてなしの気持ちが行き届いているかなど、絶えず確認し続けなければなりません。

七、人が集まり、育つ仕組み

仕事にやりがいを感じるとき、人は持てる力以上のパワーを発揮します。やりがいは笑顔となり、職場に伝染していきます。楽しそうな職場に人は吸い寄せられて集まり、その環境の中で育っていきます。

八、自由に、伸びやかに、力を発揮できる環境

人は自由に伸びやかに活動するとき、思いがけない力を発揮することができます。自由と規律は相反するものではなく、思いやる気持ちの中から生まれるものです。相手への思いが、ときにブレーキを踏み、アクセルをいっぱいにします。自由で伸びやかな環境は人を豊かに幸せにしてくれます。

九、業績を継続して生み出すマネジメントの仕組み

業績をつくるものは、汗と知恵の結晶であり、マネジメントとはそれを継続して生み出すヒト・モノ・カネ・ノウハウなどの組み合わせの仕組みです。商売の原点は続けること、どこに、何を、どのように売るか、環境の変化に対応して革新を続けます。考え続けることをやめない限り、道は開けます。

十、自社に共感し、支援し、投資してくれる経営者、企業、団体など

人も企業も、単独では生き残ることができません。自社の価値を理解し、支援してくれる企業、団体は大きな力になってくれます。時にはパートナーとなり、人や資金を支援してくれる存在は、企業が成長し発展する上で欠かせません。

第二章　伝えたいこと ―経営者の歩みと思い―

七名の経営者の体験手記です。「長年の経営体験の中で印象に残っていること、学ばれたこと、あとに続く人たちに、これだけは伝えたいということなどをご執筆ください。原稿の枚数は問いません、自由にお書きください」とお願いしました。したがって、原稿の分量はまちまちで、文体もあえて統一しておりません。

七名の共通点はほとんどの方が創業者であり、約半世紀の経営体験を積まれていることです。それぞれ、悲喜こもごもの体験を率直に書かれ、中にはこんなことまで触れていいのかということまで、オープンにしてくださった方もいます。貴重な体験の数々は、あとに続く人たちへの力強いエールとなるでしょう。

未来に旗を立てて

株式会社菓匠三全
代表取締役会長　田中裕人

田中裕人さんは父とともに菓匠三全を創業し、菓子の革命ともいわれる「萩の月」を育てシェア拡大を通して、今日の確固たる経営基盤を築きました。

「人との出会いには運命を変える大きな力があり、未来に立てた旗に近づけてくれる」と、体験をもとに語っています。

個人事業からスタート

経営者としての役割は極めて重要で、会社の未来に大きな影響を与えます。当社は個人事業からスタートし、会社を発展させる過程で数多くの試練と困難に遭遇しました。その道のりは平坦ではありませんでしたが、私の心は常に前向きでファイトに溢《あふ》れていました。経営者の道は険しく、その道程は常に変化に満ちていることを痛感しております。

長く会社の経営に携わっていると、振り返って「あのときが会社の岐路、運命の分かれ道だった」と思うことがあります。

ある時、設備を整えパッケージにも注力して準備した新商品を売りこみに、当時活気があったデパートや駅に行きました。しかし、片田舎にある無名の会社の商品を扱ってくれるところはありませんでした。そこで販路開拓の突破口として、当時開設したばかりの空港売店に目を向けました。もうここしかないとの思いで売り込みに行きましたが、「聞いたこともない商品は扱えない」と説明さえさせて貰《もら》えませんでした。

それでも諦めることなく、毎日担当者の元に通いつめ、商品の美味《おい》しさを伝え続けました。そうしてひと月ほどしてやっと、催事販売の結果が良ければ売り場を検討しても良いという回答を得ることができました。「これでようやく販路が開ける」という思いで、気魄の催事販売を行いました。日が経つごとに売り上げが伸び、ようやく常設で販売する場所を獲得できました。

当時、仙台空港を利用するお客さまは、美味しいものに関心の高い方々でしたので、「とても美味しいお菓子だ」ということで人気が高まり、販路拡大の大きな転機となりました。

いつの時代も市場はどんどん変わります。さまざまな方向から物事を見て考え、新しいことにチャレンジし続けなければなりません。しかし、がむしゃらに進むばかりでは会社経営とはいえません。先々のことを考えると「未来への旗の立て方」を検討する時期に差し掛かっていました。

旗を立てる

そのようなとき、和田先生との出会いがありました。経営計画書の策定から資金繰りの戦術、社員教育の手順など、多くのことを教えていただきました。これらの実践が私の会社の基盤となりました。

さまざまな御指導を受けながら経営者とは何かを深く理解し、その役割を果たすために日々奮闘努力いたしました。和田先生とともにいらした長井さんとの出会いもその当時でした。

私は人との出会いには運命を変える大きな力があると信じております。

あの時あの人と会っていなかったらあれはなかった。

早すぎもせず遅すぎもしない出会い。その絶妙なタイミングでチャンスをものにするか、どのようにできるかが分かれ道だと思っております。そしてその出会いによって、運命をともに歩む人々との協力と支援が、「未来に立てた旗」へと近づけてくれます。

絶えず変化する経営環境のもと、人との出会い、思考の柔軟性、イノベーションの追及が成功への道を切り開く手助けとなります。皆さまにも人との素晴らしい出会いや成功への機会が訪れることを心より願っております。

私どもの転機のときに出会った長井さん。その後起業され多くの方々との出会いに恵まれたことでしょう。創立三十六年を迎えここまで成長発展なさったお姿を拝見し、心より嬉しく存じます。今後のさらなるご活躍をお祈りし、結びといたします。

そえがき「人に恵まれた親子三代」

初めて菓匠三全さんを訪れたのは、「萩の月」が売り出されて間もないころでした。大河原町の工場も事務所も今のような近代的なつくりでなく古いままで、工場のガラス戸を開けると、カスタードの芳しい香りが出迎えてくれたのが昨日のことのように思い出されます。

創業者の田中實さんがまだお元気で、「萩の月」の増産の陣頭指揮をとっておられました。販売員の研修などで話をされるときは、元小学校の先生なのでわかりやすく、また理化学研究所の科学者でもあったので、お菓子のおいしさを面白く説明されていたのが印象的でした。

そのころ現会長の田中裕人さんは「萩の月」の拡販で、新店舗の開設から既存店のフォローに至るまで休む間もなく活躍されていました。

裕人さんが社長に就任された一九八四年は、長い不況から脱し上昇に転ずる大事な局面でしたが、以来四十年トップとして会社の隆盛に全力で当たってこられました。

長男の秀史さんに後を託した二〇二〇年は、新型コロナウィルス感染症の影響で難しい時でしたが、万全の経営体制を築いたという思いがあえてこの時期を選んだのでしょう。

親子三代素晴らしい人物に恵まれましたが、トップを取り巻く奥さんをはじめご兄弟たちにも恵まれました。

人に恵まれた菓匠三全さんは不断の努力も相まってさらに躍進されることでしょう。

先ず思うことが大切
―転んだら立ち上がる―

株式会社アート不動産
会長　櫻井澄男

北東北の代表的な不動産会社を築き上げた櫻井澄男さんは、創業当初などの失敗を率直に語り、また、業界団体や経営者の集まりに積極的に参加することの重要さを伝えています。そして、経営には絶対的に信頼できるパートナーが必要だと力強く語っています。

創業

一九八四年一月十一日、盛岡市内を流れる北上川にかかる明治橋そばに五坪の事務所を賃借し、株式会社アート不動産を創業させていただいた。

おかげさまで今年、設立四十周年を迎えることができた。

資本金六百万円のうち百五十万円は三名の知人からの出資金であり、残り四百五十万円は某信販会社からの借り入れであった。その他に九百万円の住宅ローンを抱えていた。

一九八四年一月七日、はやる心で「創業の心14ヶ条」をしたため、「成せば成る」の超楽観的な無謀ともいえる創業であった。現在、振り返ると蛮勇ともいえる行動だったと赤面するばかりである。

一月十一日、激しく雪が舞う中での営業初日であった。数か月後、事務担当のパートさんを採用し、休日もなく年中無休で走り回っていた。賃貸物件の仲介業務であれば仕入れ資金も必要なく、自分の営業力があれば何とかなると思っていた。しかし、月日が経つにつれ、借入金の返済もあり、経営は甘いものではないことを知る事態に追い詰められた。自分の給料はもちろんのこと、たった一人のパートさんの給料も払えなくなり、平身低頭して辞めていただいた。さらにそれまで懇意にしていた銀行から百万円の融資を断られ八方ふさがりの状態に追い詰められた。しかし、これはかけがえのない経験になった。

このような苦境に直面している私の状況を見かねて、妻が二人の幼子を連れ、乗合バスで一時間以上もかけて、仕事を手伝ってくれるようになった。これ以降、妻には苦労を掛けながら私の足りないところを補ってもらい、助けられながら第二のスタートを歩み始めることができた。

業界改革と学びの場の拡大

私は会社創業時から、賃貸業界の暗いイメージを明るい健康的なイメージに変えていきたいと強く思っていた。そのような思いもあり、日本の不動産業界に初めてフランチャイズチェーンを展開し始めた「住通チェーン」に加盟させていただいた。創業四年目で経済的余裕もなかったが正しい判断であったと思う。加盟後は、全国の活躍している同業者から学び、切磋琢磨してきた。

創業から五年後、借りていた五坪の店舗の隣地をI銀行の紹介で購入させていただき、事務所を建築することができた。創業当時の手痛い経験から、どんなに外部環境が悪くても必ず黒字決算をするという強い覚悟をした。そのために自社の事業構造（収益構造）をいかにすべきかということと、経営者としての力量（人間力）を高めるにはどうすべきかということを考えた。学びの場、実践の場として私が選んだのは岩手県中小企業家同友会だった。同業者のT社の創業者H氏が当時、福岡県中小企業家同友会の代表理事をされていた。入会後は「同友会運動と企業経営は車の両輪」の信念で全国の異業種の経営者から多くのことを学び教えていただいた。

「良い会社をつくろう」「良い経営者になろう」と学んだことを実践し、経営方針書も成文化し、日々全力で経営にあたっていた。しかし、社員さん、パートさんとの間に深く、暗い溝があるような状態が数年続いた。

多くの人との出会い

そのようなとき、盛岡商工会議所主催セミナーに妻とともに出席し、そのときの講師をしていたニュークリエイトマネジメントの長井三郎先生にお会いした。妻と相談して早速コンサルをお願いし、それから十数年間、長井先生の指導をいただいた。

人生も経営も人との出会いである。長井先生との出会いも誠に幸運だった。また、私の人生にとって京都セラミック（現京セラ）を創業し、第二電電（現ＫＤＤＩ）を設立し、後年、ＪＡＬを再建された稲盛塾長との出会い、そして「盛和塾」での学びはかけがえのない時間だった。二〇〇四年には稲盛経営者賞を受賞することができた。稲盛塾長をはじめ、全国の盛和塾の仲間からもたくさんのことを学ばせていただいた。

「学んで実践」を胸に刻み、日々全力で経営に取り組み、幸い経営も安定し、順調に推移した。「好事魔多し」と言われるが、もう一つ記憶に残る失敗がある。それは、東京のある人の言葉にのせられ古本業界に手を出したことである。「わん・ぶっく」という別会社をつくり、専任の社員を採用して始めた。三店舗まで店舗展開したが四年目に撤退した。事業の多角化は簡単ではないということを身を持って体験した。

この失敗から私が学んだことは、自社の本業の周辺業務での多角化はありえるが、全く異分野事業の参入は危険が多いということである。

介護業界参入と事業承継

二〇〇七年、これからの高齢化社会の到来を迎えるにあたり「住まいの一形態」という視点から介護業界に参入した。現在三か所の事業所を運営しているが、社会的な環境の変化もあり経営的には年々厳しくなりつつある。

事業承継は時間をかけて進めていたので、二〇一七年六月、予定どおり長男に事業を引き継いだ。しかし、その長男が二〇二一年秋ごろから体調を崩し、二〇二二年六月、私が再度代表に復帰せざるを得なくなった。今はただ長男の健康の回復を祈るばかりである。

創業から四十年、いろいろなことがあった。大小さまざまな失敗をたくさんしてきた。今はただすべての関わりのあった人に「感謝」の気持ちでいっぱいである。また、経営は一人ではできない。必ず絶対的に信じられるパートナー（親族であれ、他人であれ）が必要と思うが、私の場合、妻がそれを担ってくれた。お互い長期間伏すこともなく、仕事をさせていただいたことは幸運だった。

これからも「経営理念」を実現すべく「損得で考える」のではなく「人間として正しいかどうか」を判断基準とし、この地域にあって良かったと言われる企業づくりに励んでいきたいと思う。

長井先生、三十五周年おめでとうございます。

〈創業の心 14 ヶ条〉

1. 儲けようとするのではなく、仕事を通じてお役に立ち、その結果利益を得ること。
2. 組織とは、構成員が二名以上になれば誕生する。それは会社設立のときである。
3. 組織の活力の低下は社会のニーズにこたえられなくなった反映である。限りなく挑戦、変革していく姿勢を堅持する。
4. グローバルに企業を位置づけ、現実的に物事を判断し組織を運用する。
5. 不動産業は情報産業であり、総合生活提案産業である。
6. 企業は現状に満足すると衰退する。社員が“生きがい”を持って働くことができるように独自のポリシーを確立することが要である。
7. 人間も企業も絶えず意識的に変革していかなければ成長・発展はない。一つの業を深く掘り下げ、同業種の中で個性的に存在し、ナンバーワンの柱をたくさん作る。
8. 人間のみに与えられている相手に対する心くばり、自覚的行動を最大限に磨き上げる。
9. 苦情を苦情として処理するのではなく、経営者、全社員が苦情をありがたい情報提供として受け止められるような素直な人間になる。
10. 会社の用にならないもの、反社会的な事業は長続きしないものであることを知る。
11. 経営者には強い責任感と、倫理性が求められている。
12. 科学が発達すればするほど人間の心が重要な時代となる。
13. 事業には山あり谷あり孤独との闘いである。山は谷への前兆であり、谷は山への希望の地点である。
14. 心身ともに健康に留意し、日々新たにすること。

1984 年 1 月 7 日

創業者：櫻井　澄男

そえがき「真摯な学びと果敢な実行」

櫻井澄男さんは実行の人。まさに熟慮断行を地で行く人です。北上川のほとりに五坪の事務所を借りて創業四十年、賃貸業一筋にこの道を切り開いてきました。「賃貸業の暗いイメージを明るく健康的なイメージに変えたい」という思いを、一つひとつ実行に移してきました。

それまでの賃貸業「街の不動産屋さん」は、どの店も入口のドアや窓ガラス一面に「物件」の案内が貼りめぐらされ、外から店内の様子が見えません。顧客が店に来ると、恐る恐る中をうかがって入店するという雰囲気でした。

そんなイメージを打破すべく、櫻井さんの店は、ドアや窓に貼り紙は一切なく、入ると低いカウンターに椅子が並べられ、社員がスピーディーに対応できるよう、背後には賃貸関係のファイル置かれています。今では当たり前の光景ですが、当時は明るく入りやすい店として業界のイメージ一新に大きく貢献しました。

先人に学ぶ姿勢も半端ではありません。開業してすぐ業界のチェーンに加盟、さらに地元の同友会に入り、盛和塾では若手経営者とともに学びました。また、北東北三県の同業者との交流も深め、業界の活性化に尽力しています。

奥さんのキヨさんは算盤塾を開き教える才媛でしたが、櫻井さんが開業時苦境に陥ると、幼子を抱えながらバックアップし、一層公私ともになくてはならない人になりました。特に男性が苦手とする女性の機微、顧客の求める細やかなところなどを適確にフォローし、支援しました。櫻井さんの実行力と奥さんの温かい人間関係づくりで見事成長を果たし、北東北で業界ナンバーワンの地位を築き上げています。

みち　―郷土とともに歩んで―

株式会社大場組
会長　大場利秋

一代で山形の代表的な総合建設会社をつくった大場利秋さんの奮闘記。身近で困っている人がいると放っておけない。その思いから次々と事業を生み出し、経営理念「明日の郷土を拓く」を実践し、豊かな郷土づくりに邁進《まいしん》しています。

経営のバトンを渡す

二十二歳のときに建設会社を創業しました。当初は個人営業で、裸一貫の怖いもの知らず、若さに任せてがむしゃらに働いたものです。企業としての体裁が少しずつ整い、六年後に株式会社大場組として法人に組織替えをしました。以来、企業活動を通じて関わりのあった数えきれない方々のおかげで、企業としては順調に成長発展させていただいたものと自負しております。

三年前、会社のトップを長男にバトンタッチしました。一九七一年の個人創業から五十年目です。長男は大学卒業後に入社してから十五年、この間、下積みから始めて順次経営業務に携わらせて経験を積ませてきました。会社経営は大丈夫（であってほしい）と思いながらも、心配の心持ちが湧き上がるのはどうしようもありません。代表取締役は退任しましたが、相談役として残りました。世間的には暇職の感がある相談役ですが、私は少々うるさ型相談役のようです。心のままについつい口出しする場面も多く反省すること頻《しき》りですが、今しばらくは大目に見てもらいたいと願っております。

創業への足取り

事業を起こし、発展させて次代に引き継いでいくことは、私にとって企業経営の大きなモチベーションでした。顧みれば、私の創業の志ともいうべきものは、まことにあやふやなものでありまして、これといえる確かなものがあったわけではありません。私は戦後の一九四八年、山形県の西小国村（一九五四年の町村合併で最上町）に生を享《う》けました。生家は小作農家で、当時の村内では一部の自作農や公務員以外、皆等しく貧しい生活振りでした。田畑は少なく、父親が出稼ぎで生計を立てていましたが、私が中学二年生の年に、その父が出稼ぎ先で病死しました。私は中学を卒《お》えると、周りの大人たちと一緒に、関東や中部地方へ出稼ぎに行くようになり、家計を支えました。母親と兄弟姉妹を養うための手っ取り早い方策でした。

数年間そのような生活を続けるうちに、建設業の技術も少しずつ覚えるようになり、出稼ぎ先の会社からは、一緒に行った大人たちのまとめ役として処遇されるようになっていったものです。そうやって働き続けるうちに、このまま使用人としてやっていては、人生において、いつまでたっても浮かび上がることが難しいということを感ずるようになり、身に付いた建設業の知識をもって起業したい思いが募ってきました。出稼ぎ仲間の大人たちの間では、出稼ぎになど出ずに家族一緒に生活ができることを望む声が多く、私も何とかできないだろうかと考えていました。

二十二歳になった年、一念発起して出稼ぎ仲間の大人たちをとりまとめて土木建築業の事業を起こし、主に宮城県鳴子町の大きな建設会社の下請け工事をするようになりました。徐々に従業員も増え、自前での元請け工事もするようになっていきました。従業員の多くは最上町内の兼業農家で、出稼ぎに出ずに済むようになったことを喜んでくれました。生活環境も皆似通っており家庭の状況などもお互い分かるため、家族同様の社員関係でした。主要な社員の年齢は二十代、三十代が多く、一番年下の私を中心に、毎日の仕事終わりにプレハブ造りの事務所でコップ酒を飲みながら大場組の将来を語り合いました。皆、意気《いき》軒昂《けんこう》で中国の水滸伝に出てくる梁山泊《りょうざんぱく》のような雰囲気があったものです。当時を思うと懐かしさが込み上げます。今では亡くなった元従業員も多くなりましたが、創業当時の彼らのことは非常に深く心に残ります。まさしく今の会社の礎となっていただいた方々です。

主力業務の転換

一九八一〜一九八二年ごろにかけて建設不況といわれた中で、会社の仕事の中心だった型枠作業の作業単価が大幅に下落したものの、型枠作業から土木一式工事や建築一式工事へと主力業務のシフトを図って乗り切ってきました。会社の実績を積み重ねて公共工事も受注できるようになると、さらに従業員が増え続けていきました。百人規模の会社になると、さまざまな分野でナアナアではいかなくなることが出てきます。社内規則などをはじめ、いろいろなものを見よう見まねで作るなどして対応したこともありました。幸いなことに、創業以来、資金繰りに関しては決定的に困窮したことがありません。銀行には体当たりでぶつかり、評価をしていただいたものと思っております。早くから二人三脚で経営に携わり、主に財務面を担当してくれた弟の存在も大きなものがあります。

人材の育成

会社は順調に発展を続けているように見えたかも知れませんが、まだまだ田舎町規模で、一段レベルアップした企業を目指すには、優秀な人材を集める必要性を強く感じていました。しかし、簡単なことではなく、長い間、大きな経営課題となっていました。そのようなあるとき、建築資材の仕入れ先であり、懇意にしていただいた株式会社タカカツ（現株式会社タカカツホームズ）の社長から、社員教育コンサルタントの話を聞き、優秀な社員を外部から採用することより、今いる社員のレベルアップを図ることが重要であるとの認識を持ちました。社員の質を向上させ、会社の発展に繋げれば自ずと優秀な人材が集まることになります。早速、ニュークリエイトマネジメントさんに取り次いでいただき、長井先生のご指導を受けることとなりました。長く続いた日本の好景気が一気にひっくり返るきっかけとなった、いわゆるバブル崩壊の少し前、一九九〇年のことでした。

経営の多角化

何とか乗り越えてきた建設不況やバブル崩壊後のデフレ社会の到来による経済停滞の様子から、私は建設業のみでの企業経営に危機感を覚え、他の有望分野への多角経営を模索し、産業廃棄物処分業（最終処分場、中間処理業）を始めました。さらに老人福祉事業を開始し、以後、観光事業、農業、砕石製造業、内水面漁業、培養土製造業、コンビニなどに事業を展開しています。長井先生には的確な会社の現状分析を行っていただき、私の希望であった社員教育を実行していただきました。社内の若手を中心に多数が多くのセミナーを受講し、その中から主だった者を新たに展開した分野の責任者などに配置しております。

多くの皆さまのおかげで、私の経営者人生はまずまずのものだったかなと自惚れております。企業経営の中での数々の困難や他からの誹謗中傷などは、企業生き残りの競争社会の中では当然のことであります。事業を起こした時点で自らその困難を選択してきたものと思っています。苦しい判断と決断の連続でした。場面々々で最適な決断を続けてきたわけではないでしょう。しかし、最適な決断だと信じて前に進み続けてきました。失うもののない裸一貫から、曲がりなりにも形を成した現在の姿に辿り着いたことは幸せなことと思っています。

長男に事業を引き継ぐことは、私の大きな目標でした。それを実現した今、ほっとした気持ちがあります。同族経営の弊害のことも知識としては承知しています。しかし、本音の心情を正直に申せば、さらに次代の孫にまで経営を引き継いでほしいと思っています。さらに事業を拡大発展させながら。

うるさ型相談役として、まだまだ口出しを続けたい思いはあるものの、ここら辺がこらえどころと心得て大きくまかせる頃合いかなあ……。

経営の荒波に舟を漕《こ》ぎ出した息子に、心の中でエールを送りながら。

「洞察力を磨け。自分の判断を信じよ。そして粘り強くあれ」

そえがき「郷土への熱い思い」

ふるさとに思いを寄せる人は多いですが、大場利秋さんのふるさとを大事にする気持ちは桁違いに大きいのです。地元に仕事がなく、故郷を離れたり出稼ぎに出たりせざるを得ない現状を打破したいと、自ら会社を起こし働ける場を提供しました。会社がまだ小さいころから、近隣の子どもたちの将来を思い、教育のためにはまず身体づくりだ、と小学校に相撲の土俵を造り寄贈。今では近隣すべての小中学校に土俵があり、活発に活用されています。

子どもたちの学業を伸ばすため、会社の一隅に学習塾をつくりました。また、地元がごみ処理に困っていることを知り、産廃処理場をつくりました。それも全国で一例しかない金属も処理できる溶融炉処理場という先進型です。さらに高齢者の介護で社員や地元の人が困っていることを知り、老健施設をつくりました。人里離れた山奥では社会との接点がなくなると、ネオンの見えるにぎやかなところに開設していきました。小規模農家が多く、後を継ぐ若者が都会に出て、荒れた田んぼが増えるのを見て農業に参入、農事法人を立ち上げ農作物の販売ルートを開拓するなど農家の支援に努めています。

いずれの事業も国や県の認可が必要で、簡単には承認されません。それを独自の工夫で短期間に岩盤を切り開いていきました。朝四時に起床し、そのとき抱えている課題の解決策を考え抜き、実行に移していく。その繰り返しが今日の広範囲にわたる大場組グループをつくっていきました。

晩年、自らがんを患い、さらに福祉事業を任せていた長女もまた三十代の若さで失いました。若者のがんを早期発見するため、県と共同でワンコインで受けられる診断システムを立ち上げ、医療面でも貢献しています。現在は長男宏利さんが後を継ぎ、次女佳美さんも多方面でサポートしています。七十代半ばを迎えても、大場さんの地元振興への思いは衰えることを知りません。

後継者が持つべき本物の覚悟とは

有限会社睦建設
社長　伊東　睦

何の前ぶれもなく、ある日突然後継者の立場に立たされた伊東睦さんのその戸惑いが鮮明に伝わってきます。後継者に注がれる社内外の冷たいまなざし、思い、その体験が、経営者となるための「決意・覚悟」を固めさせてくれた。後継者必読の文章です。

突然の後継

私には、兄があり次男坊です。子どものころから父の姿を見て育ってきましたが、本来兄が会社を継ぐものだと、両親も思っていましたし、私もそうでした。父の強い勧めで土木工学の大学に進みましたが、今思えばそれが正解だったのかなと思っています。父の考えでは、兄が営業活動をして、私が現場などの実務をつかさどるという考えだったとあとから聞きました。大学を卒業して、中堅の建設会社に就職して二年も経たないうちに、突然父が心筋梗塞で亡くなりました。享年五十五歳でした。あまりにも突然な出来事でなにがなんだか分からないまま実家に戻ってきました。

不思議なことに、めったにないことですが、父が亡くなる約二か月前に、私の勤めていた会社の寮に（当時、携帯電話などはありませんでした）突然電話が来て数分話をしました。それが、父との最後の会話でした。「どうだ！　頑張っているか？」の話からどうやら兄の素行が悪く、このまま会社に置いておけないと、あきれていたみたいな話でした。自分内情がよく分からないものでしたから、安請け合いで「兄弟が二人いてよかったね。自分がいるから大丈夫だよ！」と父に言ったことを今でも鮮明に覚えています。

この会話があったから、安心してあの世に行ったのかもしれません。葬儀が終わってから間もなく、兄が「おれ会社を継がないからお前やれよ」と言って早々に出ていきました。残された社員の皆さんもどうなるのか心配だったと思います。私が後を継ぐということで心配もあったと思いますが、多くの社員の皆さんのおかげで育てられてきました。

無我夢中の日々

当時は何が何だかよく分からないまま会社に入り、とりあえず現場を担当しながら努めていました。昔からの番頭さんと呼ばれる人をはじめ社員の皆さんに教えていただきながら日々過ごしていました。指導してくれた人々は、昔ながらの見て覚えろ主義なので、何も分からない私はかなりつらい思いをしながらも頑張ってきました。なにしろ「それくらいは分かるだろう！」「そんなのも分からないの！」の連続の日々でした。皆さんは厳しく育てようと思ってのことだとは思いますが、当時はそんな思いは感じませんでした

総務部門からは、経理の中身を教えるから早く覚えなさいとばかりにさまざまな説明をしてきます。なかなか覚えられないでいると、やる気がないとか、真剣味に欠けるなど好き放題言われました。

期待を込めて「早く一人前になってもらいたい」と考えてくれていたと思いますが、な

かなかそうはいきませんでした。

自分の気持ちと周りの方々の気持ちとのギャップはかなりあったと感じました。自分の心の中に甘えがあり、覚悟がなかったと思います。

自分としては、相当悔しい思いもしました。

営業で鍛えられる

約二年の現場担当も終わり、今度は番頭さん的な専務について営業活動を始めました。半年ほど一緒について活動していましたが、あとは私一人での活動になりました。ある程度基本を学んだらあとは自分で考えて行動することの大切さを学びました。

やがて専務は病気になり、あとは自分で頑張りなさいと会社を去っていきました。ここではいつまでも人に頼らないで行動することの大切さを学びました。その頃は人に頼りがちで自分でガンガンやる覚悟が足りませんでした。

当時、自分に頭を下げてこないやつは知らないという業界のボス的な存在の人がいました。ずる賢いというか、要領のいい人は寄り添っていましたが、どちらかというと反社会的勢力系の人でしたので、私は距離を置いていました。

それが気に入らないらしく、かなり業界のいじめにも遭いました。その他にもいろいろありますが、相当の覚悟がないとやっていられないのが現実です。

味方になってくれる方々も多くいましたが、甘えてはいけません。最後は自分で決めて、結果がどう出ても他人のせいにしないという覚悟が必要です。

会社の後を継いで経営者となることを意識して準備してきたわけではありませんでしたので、実際に経営者が置かれる立場や経営者自身が決めること、自分しか決める人がいないということを分かっていなかったため、結果としてかなりつらい思いをしました。

本当に経営者となる決意や覚悟を決めるタイミングを持てないまま、やるしかない方式で進んできました。

ここで、経営者と成る「決意・覚悟」とは、どのようなものか振り返って考えました。

一、責任を取る覚悟

会社で何か問題が起きます。最終的にその責任を取るのは経営者です。自身が責任を取るという覚悟がないと、誰かに責任を押し付ける経営者になってしまいます。

二、自分が決める覚悟

経営の最終決定権は、経営者になりますが、決める覚悟がないと何も進みません。従業員であるときは、最終的に誰かが決めてくれますが、経営者は相談する相手がいても、決めるのは経営者しかいないのです。経営者としてすべて自分で決めることを覚悟しておかないと経営が前に進みません。

以上のような、決意・覚悟が必要となります。従業員の立場とは全く別の決意・覚悟であり、経営の勉強をしていても分からないことだらけです。しかしながら、決意・覚悟がないと経営が進まないというのは事実ですが、一方で後継者に対して「決意が足りないから、決意・覚悟を持って主体的に経営しましょう」と言っても、何のこと？　意味わかんない？　と言うことになるでしょう。

私は、父から何一つ教わることができませんでした。周りを見ると、父親がいて、後継者の息子がいろいろ教わりながら日々過ごしている会社もありますが、結局、親子関係がうまくいかなくなり、息子が会社を出ていくところなどいろいろあります。私にしてみると非常にもったいないことだと思いますが、実情は当人同士にしか分からないところもあります。

今、自分にも息子がおります。七年計画で後継者として育てていく予定ですが、本人とよく相談しながら進めています。事業継承で引き継ぐ要素はたくさんあります。


経営権の継承　……社長の役割、経営権、後継者の選定、育成など。

経営資源の継承……経営理念、会社の信用力、ブランド、ノウハウ、技術、人材、人脈など。

物的資産の継承……自社株、土地、建物、設備、機械、運転資金、個人の資産など。


課題も山ほどあります。自分が父から教えてもらえなかったこと、こういうことを教えてもらいたかったなあ、ということを思い出しながら一つひとつクリアし、スピード感を持ちながら、でも後継者の気持ちも大事にしながら焦らずに進めております。日々いろいろな問題が次から次へと出てきますが、負けてはいられません。過去は変えられません。未来に向かって突き進むだけです。今はそう思っています。皆さまも頑張ってください。

そえがき「予期しない道のり」

先代社長が病に倒れ、突然後を引き継がざるを得なくなった後継者の事例は数多くあります。しかしながら伊東睦さんのように、兄がいたため全く後継を想定していずに、後を継いだ人はそんなに多くはいません。

手記を読むと伊東さんの戸惑いが鮮明に浮かんできます。この難局を切り拓いた源は伊東さん自身にありました。伊東さんはいつも謙虚で、人の話によく耳を傾ける人です。突然の登板に戸惑う伊東さんに手を差し伸べたのは、高校の先輩で自ら起業し頑張っている人でした。若手経営者の会に伊東さんを招き入れ、若い経営者の悩み苦闘を実際に見聞させました。これで伊東さんの、前に進む決意がより固まりました。これも伊東さんの、すべてを受け入れる柔軟さと温かさがあってのものだったと思います。

伊東さんは自社の経営のみならず、地元建設業界のリーダーとして後進の育成に力を注いでいます。また、労働災害の多い建設業界の改善に労働基準局や県の委嘱を受け、県内を歩いて労働安全の強化にも力を注いでいます。父から教えられなかった大切なことを、周囲に伝えていきたいという思いが、伊東さんの活動を広げる原動力となっています。

一灯のランプの心を掲げる

株式会社太郎庵
相談役　目黒督朗

愛する故郷「会津」に対する切ないほどの思いが、太郎庵の誕生から今日までの足跡の中に込められています。まるでランプのように明る過ぎず、暗過ぎず、人の体温に添った目黒督朗さんと会社の歩みが伝わってきます。

太郎庵開店

自己資本比率七十％、経常利益一億円、三十九期（社長をしていた最後の年）に書いた長期事業構想だ。二〇二三年の決算書は自己資本比率七十・五％、税引前利益は九千七百万円となっていた。無借金経営との目標もあったが来年の二月にはゼロになる。数字はまだまだだが、こんな社員に囲まれて仕事がしたいと思う人がたくさんいるのは自慢だ。

一九四九年に父である徳一が目黒菓子店として創業し、私が後を継ぎ一九七九年、太郎庵として開店スタートした。社名にある太郎は分かりやすく覚えやすい男子を代表する名前であり、「会津にあっても日本を代表する菓子屋になりたい」と名付けた。キャッチコピーの「お菓子の蔵」には大切なものをしまうという意味と、おいしい菓子が詰まっているという想いを込めている。

シンボルマークのランプは、遠くを照らせなくとも足元を照らし一歩前に進める。そして寒いときはぬくもりをとれることから、「おいしさでぬくもりのある灯をともす」という意味がある。戦国時代の武将が戦いに出るときに掲げた旗印、それがランプだ。

〝わたしたちは、いのちにやさしい心ときめくお菓子を通して会津の風土を描き、お客さまとともにやすらぎとぬくもりのあるしあわせ文化を創造します〟

太郎庵宣言は経営理念であり、私の命の使い道、使命である。命に優しいとは体も心も健康になるという意味で、大福は有機ＪＡＳ認証の無農薬米、伊豆の海水からとったミネラル豊富な海の精を使用している。おいしさで心ときめく幸せを感じてもらい、そこからお菓子を通して会津の良さを伝えていきたい。会津にこだわった菓子作りの中で、会津の温かい心や自然、歴史、風土の素晴らしさを伝える会津の応援歌であり続けたい。

店を開店するまでの五年間は観光銘菓「いも太郎」を発売し、ホテルやドライブインで卸販売した。私は会津木綿の法被をなびかせ店に向かった。時間を節約するためにいつも走っていたので売店の人からは風の又三郎にかけ「風のいも三郎」が来たと言われていた。東山温泉のホテルの売店での朝売りが終わると当時できたばかりの会津武家屋敷の売店へ行った。広い駐車場で水まきをしながら観光バスを待った。青い空に白い水の放物線が描かれるシーンを今も思い出す。

そんな中で家内と結婚をする。冬の暇になったときの家内の仕事は、一人しかいないパートさんに、休んでもらう電話をすることだった。結婚するとき百万円の預金を持ってきたそうだが、「問屋さんの支払いが足らないときにそこから出していた」という話を最近聞いた。

そして一九七七年、息子が生まれた。大人になったとき、「後を継がせてくれ」と言われるような店をつくろう、私は家内と夢を語り合った。まだ店もないのに夢は大きかった。

店舗展開

一九七九年一月、初市の日に町の表通りに念願の店を開いた。開店前日の夜、太郎庵なんて見たことも聞いたこともない店にお客さまが来てもらえるかなと、不安が募る私に家内は「明日はお菓子を通してお客さまを幸せにする、そして会津の良さを伝える、そんな志を見てもらう日だよ」と励ましてくれ、開店の日を迎えた。

開店当日十四日、雪の降る日だったがたくさんのお客さまが来てくれた。私は自宅を改造した工場で菓子を作っていて店には行けなかったが、店から次々と入る注文に対して、生クリームを絞る、まんじゅうを包む、この指先の向こうにお客さまがいることを実感した。今までは外に行かないと売れなかったのにお客さまがわざわざ来てくださる。「ありがとうございます」とお客さまの背中に思わず手を合わせた。「本日開店の心、創業の心」を忘れないために私の机の後方壁に掲げている。

一九九〇年、太郎庵は計五店舗になり、次は会津若松へとの段階に来ていたが、大きな壁があった。手作りの生産はギリギリで、工場投資という大きなリスクを乗り越えなければならなかった。年商は五億円、借り入れは二億円あり、工場投資に三億円とすると年商と借り入れが同額になる。銀行から三億円借り入れ、生命保険に個人で三億円の保険を掛けるなど文字どおり命懸けの覚悟だった。

一九九一年度の方針発表会、①数年後に年商十億円を達成し海外に社員旅行、南の青空の下で祝賀会を行う。②新工場を完成しそれまでの超ブラックな勤務体制でなく週休二日制に。③社員の一人ひとりが人生を懸けるに足る会社を目指すと掲げた。新工場建設は間に合わないものの、一九九一年十二月に会津若松市に六店舗目となる会津城南店を開店、プレオープンに当たり五千軒のドアコールをした。二千五百人が来店し、店に入りきれない人であふれた。

「待っていたよ」とありがたい言葉を口々にいただいた。

一九九二年の初め、取引銀行から「物件があるので出店してほしい」との話があった。ギリギリの生産が続いていたのでお断りしたが、せめて場所だけ見てくれと強い依頼だった。「断ってくる」と会社を出たが、物件は内装もほとんど仕上がっていた。そのためその場で「出店します」と返事をした。

会社に戻り報告したら皆が驚いていたが、私は「何とかなる」と言い切った。四月に七店舗目となる塩川店を開店させ、五月に会津坂下町の郊外に本社工場を新設移転、一気に生産能力が上がり、七月には八店舗目の工場売店を開店させた。

一九九五年には、「太郎庵宣言」を発表して九店舗目となる会津総本店を開店、年商十億円を超え、約束の海外への社員旅行を実現した。工場投資もあって経常利益は二百万円とお金の余裕もない中、グアムの旅、それは一泊三日という超格安な強行日程だった。祝賀会で社員から「今度はハワイへ行きたい」と言われ、「次は経常利益八千万円になったら行こう」と答えた。利益二百万円から八千万円へ、そんなことができるのかと思ったが、その日はやがてやってくることになる。グアム旅行のときに入った新入社員三名が今、会社の中で重要な人材へと育っているのはうれしい。

五つの差別化戦略

お客さまが私どもの店を選んでいただけるようにと、「商品」「店舗」「人」「立地」「広告」の五つの差別化戦略をとった。

商品による差別化

ネーミングは会津を語るように、主力のブッセ「会津の天神さま」は四百年前の蒲生時代から伝わる張り子の郷土玩具で、菅原道真のように頭の良い子に育ちますようにと願いを込めたもので、私の長男が生まれたときも家内の実家から贈られた。今はそれを作る人も店もないが、お菓子で伝え続けていきたい。

野口英世のお母さんがニューヨークにいる博士宛に、帰ってきてほしいと書いた手紙の中から「きてくたされ」というミルク金時のまんじゅうを発売。また会津の素材にもこだわり農家の方へ苗木を提供し栗を育てている。無漂白・無燻《くん》蒸の栗は安全で風味が良く、それで作った栗蒸し羊かんは絶品で評判もいい。

店舗の差別化

一号店は明治の呉服屋の反物蔵の蔵を使うことで老舗のイメージがつくれた。総本店は蔵を曳家移動させ下郷の民家と合体させた。にい寺店は古材を梁《はり》として使用、南フランスの屋根瓦で暖炉があり花の庭を通って店に入る。

人の差別化

会社はトップの意志が届いてこそ、社員が生き生きと働くものと考え、従業員に私の考えを伝えるものとして社長通信を出した。元旦も欠かさず三百六十五日、三十年以上は続け、今は息子の社長が引き継いでいる。百七十人いる社員の誕生日には手書きのメッセージとともに、誕生日はご両親に感謝する日として現金一万円、クラッカーのパンという音とともに手渡している。遠い店は一時間半かかるが、だからこそ価値があると続けている。親孝行できる人、感謝できる人、あたり前のことをできる人がいい。

喜多方に店を出して四十年になるが、今の新しい店に昔からのお得意さまが来て「昔、夕方にケーキを四個買って外へ出ようとしたとき、自分の不注意で箱を落としてしまった。そしたら店の人は何も言わずに新しいケーキを箱に入れ渡してくれた。私はその日から太郎庵以外でケーキを買ったことがない」と話をされていかれたという。未熟な私たちだったが、お客さまと社員に支えられてきた。

立地の差別化

一号店は本拠地絶対論と自分の生まれた町へ。五店舗は車社会へと進む中で郊外店へと出店した。立地は家内と何度も足を運んで決め、弱者の戦略とも言われるランチェスター戦略をとり一番店になれる場所を選択した。

広告による差別化

チラシはお客さまへのラブレターのつもりでキャッチコピーを作ってきた。東京で修業をしていたとき、帰りたくとも帰れなかった憧れの会津で、大好きな菓子屋をやっている。それはまるで奇跡のように思え、ありがたい。三年前、社長を交代するまでの四十年間は会社の先頭に立ち全力で走ってきた。

振り返ってみれば楽しいことの方が多かった。経常利益目標八千万円を達成し、ハワイへ社員旅行、私は前日に現地に入り飛行機から降りてくる社員一人ひとりにありがとうと生花の首飾りレイを掛けた。社員の眠そうな目から涙があふれ、私も目頭が熱くなり胸がつまった。群青色の海にハワイの熱く燃えた真っ赤な夕日が落ちる中、船が出るスターオブホノルルでのサンセットディナークルーズ、ハワイの音楽とともにパーティーをした。

今、夢見ていることがある。二年間売上がゼロでも給料も賞与も出せる会社、定年のない会社、働きたいと意志がある限り生きがいを持って仕事ができる会社、現在七十六歳の洋菓子職人が誰よりもきれいな菓子を作っている。

社員がワクワクと働き思いやりの心を持って、太郎庵のランプの心を実践している。命の限り幸せになるお役立ちをする。一灯を掲げて歩んで生きたい。

そえがき「会津を灯すランプ」

目黒督朗さんと会うといつも夢が次々と語られます。聞くたびにこちらもその夢の実現に手を貸したいと思うようになるから不思議です。夢だけでなく、現実の仕事にも実にきめ細かく気を配っています。

会津でのセミナーが終わったときに話し掛けられ「私の店に電話して応対をチェックしてもらえませんか」と十円玉を数枚渡されました(当時は公衆電話しかありませんでした)。私が電話していると、やりとりを真剣に見つめていました。

目黒さんは、夢と同じように感動を大切にする人です。郷土、会津坂下町出身の歌手に春日八郎がいます。若い人に忘れられていく偉人を顕彰しようと会津坂下駅前に銅像を建てる計画を立てて募金活動を始めました。しかし、募金が思うように集まりません。心配する会計責任者に、「よし東京へ行こう、東京の同郷会に訴えよう」と東京のホテルでの同郷会に臨んだのです。

百名以上集まった会場で、目黒さんは会津坂下から持って来た地酒の詰まった箱を開けました。「皆さん、この地酒を冷やしている雪は、会津坂下の『別れの一本杉』の歌碑に積もった雪です。今朝詰めて来ました。冷えた地酒を大いに楽しみましょう」。会場からワーッと大歓声が上がりました。その夜の内に募金額は目標を突破しました。人の心に訴えることを大事にする思いは社員たちにも伝わり、店の中からいろいろな感動が生まれています。

訥々《とつとつ》とした会津弁で語るような、太郎庵の誕生から成長への足跡が、目黒さんの温かさ、素直さとともに、手記の中に展開されています。まるでランプのように、明る過ぎず、暗過ぎず、人の体温に添った会社の歩みが伝わってくるようです。

あとへ続くあなたへ
―私が本当に伝えたいこと―

ＫＩＳＥＩグループ（株式会社紀生）
会長　守末紀生

長崎から上京、美容の世界を知り、仙台で開業しました。店舗数が増えるにつれ、守末紀生さんは人材養成の重要さを痛感し、美容学校の設立にエネルギーを掛けました。また、東日本大震災での救援活動の迅速さ、使命感の強さは経営理念が絵空事ではないことを証明しました。使命感、構想力、実行力が随所に示されています。

創業

創業者と二代目の壁は厚い。それは創業時における初代経営者のマイナスからスタートと、すでに形づくられている会社を承継するという立ち位置の違いと言ってもいい。

私の出身は九州の長崎である。上京して企業勤めの二年間は、すべてが初めての経験で瞬く間に過ぎていった。同時に生きがいとは何かを模索していた時期でもあった。そして人生において最も長いのは仕事をしている時間だと気づいた。

自分にとってやりがいを感じる仕事が生きがいのある人生ではないかと……。そんなとき、偶然見た一本の映画から、女性を美しく輝かせる美容師という職業を知り、山野美容学校への入学を決意した。男性美容師が珍しい時代である。会社には経理の勉強をしたいので、夜間部の経理学校にいきたいと偽って申請を認めていただいた。上司には申し訳ない気持ちの一方で、会社勤めをしながら通う一年半の美容学生期間は人生を懸けた挑戦だった。

一九六四年、東京オリンピックが開催されていた年だった。松下電工関係の会社だったので、仕事は連日多忙を極め、時間外勤務と休日出勤の連続だった。おかげで東京での生活費、長崎の母への仕送り、そして美容学校のすべての学費を稼ぐことができた。代々木にある山野美容学校に通学する山手線の車窓から、メイン会場である国立競技場を眺めながら通っていた。国立競技場の聖火台に赤々と燃えている聖火が私の心にも熱く燃えていた。人生を懸けたエネルギーは皆勤賞と学年トップの成績に現れ、思いもよらぬ結果だったので自分自身が驚いた。

卒業式に山野愛子先生の前で卒業生総代として答辞を読ませていただいた。当時の日本の美容室数は十四万軒と言われている。山野の昼間部と夜間部の生徒数を合わせると千四百人。単純計算すると百分の一になる。これは将来独立したら、全国で百番以内の美容室経営ができるのではないかという可能性が心に芽生えた。

卒業後、横浜で五年間の修行を経て仙台で美容室を創業するチャンスが訪れた。二十六歳のときである。姉の勤務先の社長が北仙台駅前にカメラと玩具店を出店したのがきっかけである。小さな三階建ての二階で広さが十七坪だった。

手持ち資金はこれまで蓄えていた預金の四十万円と、姉から借りた六十万円の合計百万円しかない。不足分はてっきりその社長が貸してくれるものと思っていたが、社長から「金がないなら自分で美容室をつくれ」と言われた。思わず「貸してくれるのでは?」という言葉が喉まで出かけたが、社長の言葉の強さに本気だと感じ、「それもそうだ」と即座につくる覚悟を決めた。

ずぶの素人の手づくりによる内装工事の末、二か月半後に紀生美容室が完成した。人間、その気になれば何でもやれるものだ。

開店三か月間はほとんどお客が来ない。やっと採用できたインターン生の給料と水道光熱費を払うのが精いっぱいで、家賃を払う余裕もない。

経営の厳しさ、採用の厳しさを教えてくれた恩人である社長には感謝してもしきれない。

経営に必要な三原則は「ヒト・モノ・カネ」だが、「スタッフ・お客・知名度」もなく、あるのは情熱と時間だけだった。すべてがマイナスからの船出であった。

仙台でナンバーワンの美容室を目指そう！

「お客さまをより若く　より美しく　より豊かに　より夢を！」

二人だけの朝礼で毎朝、この経営理念を唱和した。スタッフ教育に力を入れながら三年間の無休営業を続けた。その間に少しずつスタッフと固定客が増えていった。創業当時、美容業界はレザーカットが主流の時代だった中で、最も力を入れたのがシザー（ハサミ）によるストローク技法である。まず自分がこの技術を学び、同時にスタッフにも徹底的に指導した。この技術は〝紀生カット〟として評判を呼び、仙台における知名度が次第に高まっていった。

六年後、仙台駅前のビル五階に二十坪の二店目を出店することになった。続いて七年目に一番町商店街にあるビルの四階に、仙台では最大規模となる六十坪の美容室として三店目をオープンする。これまでの出店経費とは比較できない大型の投資金額であったが、銀行はこれまでの実績をもとに融資を認めてくれた。「仙台に来たときは裸一貫だった。借金できるまで信用ができたのだから、ダメになったらまた振り出しに戻るだけ。命までは取られないだろう」と覚悟を決めての出店だった。

スタッフの採用と教育、そして定着は美容室経営における最大の課題である。私が生きがいを求めて転職を決意したように、スタッフも人生の生きがいを求めている。彼らも紀生で自己実現が得られるか、それとも他に求めるか迷っている。競合店だけでなくそれらとの戦いでもある。

個人経営から企業経営へ

美容師は、インターン生から技術を習得し、経験を重ねて一人前の技術者になっても他業種の給料に比べて得られる収入は少ない。業界そのものの経営規模は零細で家業的だからである。したがって美容師が物心両面で豊かになり将来の夢を叶えながら長く働ける会社にするには、彼らのための店舗をつくらなければならない。

それには技術者から人間性とマネジメント能力を高め、美容室を経営できる店長に育てるキャリアプランを構築し、多店舗化を目指す必要がある。しかし、会社としての理想は高いが現実は厳しい。育てては辞め、育てては辞めの繰り返しが続く。

恩人である社長から「お前の美容室はまるで職業訓練所だな」とバカにされる。悔しいがそのとおりだと納得せざるを得ない。

それでも創業十年で美容室が五店舗に増えている。美容業として社会的、経済的地位の向上を目指すには教育訓練が欠かせない。

「美容業は教育産業だ！　職業訓練校をつくろう！」と決意した。二年間の準備期間を経て、事業内職業訓練校「紀生ビューティスクール」を宮城県の職業訓練課に申請する。一九七九年、研修センターと寮の完成にあわせて、宮城県から日本で初めてとなる社団法人美容職業訓練校として認可を受けることができた。美容学校設立の構想が芽生えたのはそれから二年後、一九八三年のことである。

教育の成果によりその後十年間で十四店舗増えて全体で二十一店舗となったが、日々の管理運営に支障をきたすようになってきた。そこで社長の紹介で多店舗展開の組織づくりと企業経営を学ぶために、経営コンサルタント会社「ニュークリエイトマネジメント」の亀岡先生を紹介していただいた。亀岡先生には組織づくりから幹部教育など経営全般のご指導をいただき、今でも経営の先生として大変尊敬している。

創業二十周年を第二創業期と位置づけ、亀岡先生のご指導の元、幹部社員とともに「感謝と謙虚な心で、社会に必要とされる企業づくりと、社員の幸せを目指したい」との願いを込めて一年間かけて新たな経営理念を作成した。

〈夢と感動の創造！〉

一、お客さまに世界最高の技術とサービスを提供しよう！

一、お客さまに心からの満足と感動をお届けしよう！

一、私たちは美容を通して夢と希望に満ちたゆとりある人生を実現します。

〝美容学校をつくりたい〟という長年の思いを現実のものにしたい。働きながら職業訓練校で学ぶ社員たちのために、美容師の国家資格が取れる、厚生大臣指定の美容学校設立構想を目指して、宮城県と厚生省にそれぞれ働き掛ける行動を開始した。

同時に美容室の多店舗展開（宮城・山形・岩手・福島）を続け、十年間でさらに十店舗を出店した。この間、東北放送テレビの変身美容番組へのレギュラー出演が六年間続き、いくら時間があっても足りない日々が続く。長町駅前に新たな教育施設と社宅を兼ねた五階建てビルの建設に着手。金融機関との融資交渉、店舗管理、社員教育、販促業務、社員採用で東北六県の高校訪問。退職者対応と気を抜く暇がない。

美容室の仕事はお客さまに対して、日々の生活を美しく豊かにする髪の手入れと、人生の記念日を彩る七五三、成人式、卒業式など季節的な美容のお支度がある。次第に貸衣裳を含め、写真撮影へとお客さまの要望に応えるためさらに業態を広げていく。

ブライダル部門へ挑戦

姉が女性スタッフに福利厚生の意味で花嫁支度を教えたことから、本格的にブライダル部門への展開を開始する。同業の友人からの紹介で、ホテル松島大観荘への美容と衣裳の契約をいただくことができた。続いて宮城県警察本部の結婚会館の建て替えの情報を得て、県の厚生課へ足繁《しげ》く営業に通い、美容お支度と花嫁衣裳も一括で契約することができた。

当時の結婚式は、ホテルや結婚会館での和装花嫁が全盛の時代だったが、ウエディングドレスによる教会式の結婚式が話題になり始めていた。仙台にはまだ結婚式専門の教会がなかったので、眺望が良いゆりが丘の高台に、大聖堂・小聖堂二棟の仙台ゆりが丘教会を建設した。併せてフランチャイズ契約した桂由美先生のドレスも話題を呼び、お客さまが殺到した。はじめは結婚式だけを目的にしていたが、披露宴も一緒にやりたいというお客さまからの要望が徐々に増えてきたので、小聖堂を披露宴会場に改装することにした。

しかし、良いことは長く続かない。首都圏から迎賓館を中心に展開しているウエディング専門の企業が相次いで仙台に進出し始めた。それまで独占的な教会式結婚式だったが、瞬く間に仙台のウエディング業界は大激戦となった。現状維持では淘汰《とうた》されてしまうという危機感が襲ってくる。負けるくらいなら相手にもダメージを与えようと、対抗するためにゲストハウス・ルーデンスと迎賓館ル・トリアノンを建設。続いて変化に対応した少人数用レストランウエディング・リージェントハウスを建設するなど、常に挑戦を続けた。

美容学校と美容短大構想

職業訓練校の仙台ビューティスクールで学ぶ社員に、美容師免許を取らせたい、美容業界をもっと良くするために美容学校をつくりたいという想いが、何度も行政や業界の圧力で跳ね返され、その度にくじけそうになる。それでも「やればできる、絶対できる」と自分を励まし、美容組合、宮城県、厚生省への訪問を続ける。

通い続けるうちに分かったのが、厚生省は新たな美容学校の認可は認めないという岩盤規制の方針だった。大きな壁が行く手を塞いでいたのだ。

ある日、職業訓練校の情報誌に松下電器職業訓練短期大学校の記事が目に留まった。それは高卒の社員を対象にした二年間の短期大学校制度だった。他にも、トヨタ、日立、デンソーなど日本を代表する大企業が名を連ねている。長年かけて美容学校申請に奔走してきたが、肝心の厚生省が美容学校の新設を認めないのではどうにもならない。

そこで思い切って発想を転換し、美容の職業訓練短期大学校をつくってはどうか。美容の免許が駄目なら高卒の社員に短期大学校卒業という学歴を持たせることができたら素晴らしいのではないかと考えた。宮城県の職業訓練課長に相談すると、話を聞いてくれた課長がすぐに部長室へ案内してくれた。部長からの「日本に美容職訓短大はあるか」という質問に「ありません」と答えると、「これはやりがいがある」と即座に賛同してくれた。部長の約束どおり、その年度の宮城県の五大方針の一つとして美容短大構想が決定されたのである。これまで美容学校設立に向けて準備してきた資料が役に立った。担当官の指導の下に「美容短大申請書」の作成に没頭した。労働省も好意的で、その後また二年間の霞が関通いが始まった。長町駅前に研修センターと社宅のための五階建ての自社ビルが完成していた。これを改装すれば大学として利用可能なことも幸いした。間もなく労働大臣へ申請書を提出する段階まで来ていた。

美容短大から美容学校へ

美容短大を設立するにあたり、学長の資格を得るには大学院の修士課程を修了する必要があった。米国UCLAの教授たちが財団をつくり、横浜にサテライト校として開校されたUSLアジア科学院・バークレー科学大学大学院に入学した。高卒であっても会社役員の経験が四年以上あれば、大学卒業同等とみなされるキャリアパス制度があったのだ。毎月一回一泊二日のスクーリングと通信教育による受講で二年間の横浜通いが始まった。入学二年目に渡米し、ロスのUCLA校とバークレー校で二週間にわたるスクーリングの受講を終了し、成田空港に帰国した。

　成田エクスプレスで東京に着いたが、ふと、このまま仙台に戻る前にもう一度、厚生省に挨拶に行ってみようという気になった。これは不思議な神の啓示だったのだ。通い慣れた厚生省の部屋に入るとこれまでの担当者は変わっていた。美容学校設立申請についてこれまでの経緯を伝えると「こちらへどうぞ」と、部屋の中央にある椅子へ案内された。これまでは担当官のデスク前で立たされて応対されていたので勝手が違っていた。座ると担当官と係長の二人が同席して数枚の書類を渡してくれた。これも今までにないことである。「宮城県にはこちらから連絡をしますので、仙台に戻ったら県を訪ねてください」との言葉をいただいた。

　百％ダメもとの思いで厚生省に来たのにこれは一体どういうことなのか……？　翌日、半信半疑で県庁を訪ねると、こちらも応接椅子に案内された。今度も担当官と係長、課長の三人が対応してくれた。

　これも過去に例のない待遇である。「厚生省から連絡が来ていました」と、テーブルの上に三センチメートルほどの厚さになる書類が用意されて丁寧に説明してくれる。思わぬ展開に体が震えた。「これは美容学校ができるかもしれない！」という実感が沸いたのは県庁の玄関を出てからだった。一九九八年の法改正で美容学校が一年制度から二年制度に変更したこと。独占禁止法により美容学校の新設を認めないのは違法であるとの判決が広島の裁判所で下され、厚生省が敗訴したことが原因だったと後日知った。また美容学校が二年制度になったことで文科省では短大卒と同等の学歴を得られるようになっていた。念願である美容師の国家資格と短大卒の両方が得られるのだからこれ以上のことはない。職訓短大の申請辞退について、県と労働省の方へ丁寧に説明してお詫びをした。快く了解していただいたのは有り難かった。美容学校設立申請についての書類作成は、職訓短大より詳細になり量も各段に多くなった。とても一人では無理と判断し、仙台市内にある専門学校の総務部長を訪ねて相談したところ、設立に詳しい一人の優秀な人物を紹介してくれた。彼は元小学校の校長経験者で、美容学校が認可されたときに初代校長を務めてもらった。ちなみに彼はハウンド・ドッグのメンバーである八島順一の父親であることを後日知ることになる。

早速、紀生本部に美容学校設立準備室を設置した。さらに厚生省とのパイプ役として顧問を紹介してもらった。美容学校設立申請書と職訓短大の申請書作成での経験と知識が役に立ち、「仙台へアメイク専門学校設立申請書」は一年余りを経て完成した。

申請書は申請窓口となる県に提出することができたが、学校法人設立に関してまたしても大きな壁が立ちはだかった。それは学校として使用する土地・建物などの不動産はすべて自己所有であること。担保物件であってはならないということである。要は借金があってはならないという厳しいものであった。

工事費についても借入金がないこと。重ねて学生定員数の年間授業料の二分の一相当の運営資金を預金で保有していること。さらにそれらはすべて全額、国に寄付しなければならないという超難題が告げられたのだ。職訓短大で予定していた長町校舎は、金融機関からの融資で建てたものだから当然担保に入っている。これらの担保をどうやって外すか？　県庁の駐車場に止めてあった車の中であらゆる方法を必死に考えた。

捨我得全

得るは捨つるにありという言葉がある。

美容学校設立の基本理念は、「美容を通して世の中に奉仕する」ことだった。

「私のこれまでの美容人生のすべてを捨てる」という覚悟を決めた。すでに太陽が沈んだ暗闇の中でこの解決方法を見つけ出したのは二時間後だった。学校の改修工事は急ピッチで進んでいる。一九九九年春の専門学校認可の内諾書が年末ぎりぎりに発行された。既存の美容学校の学生募集はすでに終了していた。開校を前に学生募集は困難を極めた。それでも紀生の総力を挙げて、高校が冬休みに入る前の二週間の間、東北六県にある約三百校の高校訪問に走り回った結果、どうにか八十名の定員を超える学生を集めることができた。

苦難という壁にぶつかるたびに耐え、絶対に諦めず自分を励ます。

「自分がやらなければ誰がやる」という強い使命感を持ち続け、一九九九年四月、十六年という長い歳月を費やして、ついに念願であった厚生大臣指定の仙台へアメイク美容学校が長町駅前に誕生したのだ。学生数の増加に合わせて二年後に第二校舎を建設したが、将来の少子化および学生募集のことを考え、さらに仙台駅前への移転を計画する。仙台の交通体系が仙台駅を中心に構成されており、少子化対策として広域から生徒募集をしなければの思いからである。

開校から六年後、現在の仙台駅前南町通に地下一階地上八階建ての校舎を取得して移転する。やがて二〇一六年、宮城文化服装専門学校を統合して美容とファッションの二校を擁する守末学園へと発展している。

東日本大震災

二〇一一年三月十一日（金）午後二時四十六分、東北地方を中心にマグニチュード九・〇、最大震度七という超巨大地震が宮城、福島、岩手県沖の海底で発生した。大津波が沿岸部を襲い二万人に上る被害者が出る甚大な被害となった。さらに福島原子力発電所にもおよび、放射能汚染により数十万人の人々が先祖代々住んでいた土地を追われ、避難するという大災害まで引き起こした。

紀生では幸いにも社員および来客者に被害者は出なかった。しかし、美容部門、ブライダル部門においては、建物や設備への被害だけでなく、営業面での被害も極めて甚大であった。特にイオン多賀城店は三メートルを超える津波の直撃を受けた。一階のＫＩＳＥＩ美容室には天井の高さまで津波が押し寄せ、壊滅的な被害を受けた。

美容室全店で被害

大規模被害三分の一、中規模半壊三分の一、小規模半壊三分の一などとすべての店舗が被災した。直ちに本部で各店舗の被害状況を確認したが、連絡の取れない店舗もある。修復工事費用と店舗の休業、さらに予約キャンセル発生で巨額の売上減が発生する。特に大きかったのはブライダル部門である。春の卒業式、婚礼が目の前に迫っていた。そして秋の婚礼予約受注も始まっていた。そのすべてがキャンセルである。さらに前受金の返金が請求される。毎月の借入金の返済、社員の給料支払い、仕入先への返済は売り上げがなくては払えない。

「会社がつぶれる！」

一瞬、この思いが頭をよぎり愕然《がくぜん》とした。月曜日の朝九時一番に日本政策金融公庫に電話し、返済猶予をお願いする。

「紀生さんは絶対つぶさないので安心してください」

この言葉を聞いて思わず目頭が熱くなった。取引先へもそれぞれにお願いの電話を掛ける。どこもお見舞いといたわりの言葉をいただき、かろうじて倒産を免れた。社員の給料は手持ちの現金で何とか間に合う。「皆の生活は絶対守るから安心してください」と伝えて不安を解消させる。

まずは現場確認が最優先である。大きな被害があった店舗から視察を開始した。多賀城店、名取店、利府店、富谷店と順次回るが、被害が甚大で足の踏み場もない。特に多賀城方面の産業道路は津波によって電柱と信号が倒壊し、破壊された建物の瓦礫《がれき》が重なっていた。遠く先に見える塩釜の石油コンビナートは火災による黒煙が上がっている。広い道路には瓦礫と流された車が重なり合い、我々が乗っていった車は途中で立ち往生してしまった。

そこで車を路上に置き瓦礫の山を乗り越えながら、黒いヘドロと悪臭の中をやっとの思いでイオン多賀城店にたどりついた。広い駐車場は停めてあった車が重なり合い、眼の前にはタンクローリーが逆立ちしている。そのすさまじさはまるでハリウッドのスペクタクル映画を見ているようだった。

美容室に隣接する歯科医院には津波とともに壁を突き破った車が飛び込み、歯科医療機器や椅子は医院と美容室を隔てるＡＬＣのコンクリート板を壊して美容室の店内へ押し寄せていた。美容室も天井の高さまでの津波が押し寄せ、店内はすべてが破壊され、床は真っ黒なヘドロと悪臭が鼻をつく。二日前に取り替えたばかりの給湯器と貯水タンクも使い物にならなくなっていた。

イオンの他店の美容室も天井が落下したり、エアコンやスプリンクラーが壊れたりしている。水浸しの床に商品ケースが倒れて散乱し、足の踏み場もない有り様《あ さま》だ。

復旧作業は店舗の片付けと生活インフラが最優先である。電気と水道は順次復旧し始めるが、ガスはどうしても遅れる。これは三十年前の宮城県沖地震で経験していた。都市ガスの店舗はすぐにプロパンガスへ変更することにした。ガス器具の発注と工事職人さんを探し、見つかり次第現場に送り込む。自分たちでできることは自分たちでやる。独立開業時に工事した経験が大いに役立った。

幸いどこよりも早い行動だったのでスムーズに修復工事が進んだ。水道・ガスの復旧とともに店舗の営業回復が進んでいったが、多賀城店だけはイオン本体の再開が遅れ、半年後の九月三十日に全店がやっと復旧した。ブライダル部門は大きな被害を受けたが、震災後に結婚式の大切さが改めて見直され、夏以降V字回復することができた。

震災前は美容部門とブライダル部門はそれぞれ独立した会社として経営していたが、大震災を機に経営体質の強化を目的に合併を行い、株式会社紀生へと一本化を図り実行した。

大震災を経験したことで、紀生はこれまで多くの皆さまに支えられ、そして助けられてきたことを改めて実感した。

国、県、市をはじめ多くのお客さま、そしてお取引さま、社員の皆さんのおかげで紀生は存在していたのだ。おかげさまで私を含め、家族皆がこれまで生きてくることができたのだ。感謝してもしきれない。この恩をどうしたらお返しできるだろうか。

ＫＩＳＥＩで働いていた元社員で三陸方面で独立して美容室を開店している人が数人いた。連絡を取り合うと津波で被害を受けていることが分かった。会社で保管しているシャンプー椅子やセット椅子、鏡や美容器具などを石巻や志津川、気仙沼に運び、店舗復旧のお手伝いをさせてもらった。

さらに関東方面の美容室経営者の方々からも支援の申し込みがあった。美容組合にも呼び掛けると、さらに多くの美容椅子や美容器具を提供していただくことができた。運送業をしている仙台青葉ロータリークラブの仲間からは大型トラック二台を提供していただくことができた。そこで気仙沼地区の美容室経営者で被害を受けた方々へ支援物資を届けるボランティアを始めることになった。

ロータリーの会員が実家のある女川の被災地へ支援物資を運ぶので協力の要請があった。私も同行して避難所の方々への美容ボランティアを行うことにした。女川の被災地ではカットをさせていただき大変喜ばれたが、「シャンプーはできないの？　ヘアカラー、パーマはできないの……？」と要望される方が多かった。移動美容室があったらいいな！と思ったが、おいそれとつくれるものではない。美容師法ではボランティアと言えども、移動美容室は一軒の美容室と同じく、最低八坪の広さと衛生設備をはじめ、美容設備すべてに基準があり、保健所の検査を受けて許可されなければならない法律があったのだ。

トラックを改造して移動美容室をつくったらどうかと思い、いすゞ自動車と三菱自動車の販売会社に行ってみたが、法的に広さが合致するには大型トラックでなければならない。それでは被災地に行っても狭い道路は走れない。そんな矢先に三菱商事が全国的に震災地で救済ボランティア活動の支援を目的としたアイデアを募集していることを知った。

早速、移動美容室の企画をまとめて応募したところ、すぐに連絡が入った。仙台支店長と面会し、その場で東京本社の企画部長からヒアリング要請をいただいた。早速上京して担当役職者の方々に対してプレゼンテーションと質疑応答を行うこととなった。

数日後、移動美容室の案が採択された旨の連絡が入った。車体はいすゞ自動車、美容設備は広島の特殊車両改造会社の大島自動車工場で製造される。三か月後に完成し、九月に仙台まで陸送されてきた。県庁前の広場で県の副知事をはじめ関係各社、そしてロータリーのメンバーが参加。テレビ局、新聞社などの取材で仙台美容協会への贈呈式が県内に広く紹介された。

「きずな号」と命名された移動美容室は広さを確保するために、三トントラックの荷台が横へ二分の一拡幅でき、車体を支えるトリガーという稼働式の足があり、後ろのドアに車いすが載せられるようなエレベーターがついている。車内はジャンプー設備が二台、セット面が二面、消毒設備と流し台、エアコン、プロパンガス使用の給湯器が完備された、総額二千万円の特別車両である。十月から始まったボランティア活動は、ＫＩＳＥＩのスタッフをはじめ、美容学校の生徒たちが積極的に協力してくれた。仙台市内、宮城県内の三陸沿岸の避難所、遠くは熊本県で地震被害が甚大だった南阿蘇村、北海道胆振東部地震など、十年間にわたり百か所を超える被災地を訪問することができた。訪問美容は新型コロナウィルス感染症蔓延《まんえん》により一〇一回で途絶えたが、多くの被災者の方々に感謝され、ＫＩＳＥＩの社員も美容のすばらしさと感謝の心を教えていただいた。参加してくれたスタッフの優しい思いやりと奉仕の精神に心から感謝している。

美容学校も地震による被害は大きかったが、地盤が固いことと鉄骨鉄筋コンクリート造りという重構造だったので、幸い大きな損傷は発生しなかった。ただし、建物の内外にひび割れが生じ、ビル全体に足場をかけてタイル張替えと全面塗装工事で修復した。二〇二三年三月にもマグニチュード七・四の大地震が発生し、再度、外壁の修復のため前面タイルの総張り替え工事で新築ビルに生まれ変わり、街並みの景観がきれいになってうれしい結果となった。

私が未来へ伝えたいこと

「しなやかに輝く美しい未来へ！」

紀生グループはこれまで五十余年をかけて、多くの苦難と問題に直面しながら、一軒の小さな美容室からスタートした。仙台で一番の美容室にしたいという強い思いから、社員の幸せの実現を願い、業界の発展と世のため、人のために役立つ企業を目指して走り続けてきた。

この間、美容事業部、ブライダル事業部、教育事業部という三つのグループ企業として成長できたのは、経営理念である「夢と感動への挑戦」という社員全員の共通の価値観である。

変化する社会のスピードは速く、経営環境も刻々と変化している。対応できずに現状維持では後退へと続き、変革と行動が成長へと続く道となる。集団の成功の中で個人の自己実現も重要な課題であり、避けては通れない。紀生グループの使命は永続的に発展していくことである。そのためには社員一人ひとりが紀生と関わることで、誇りを持ち、幸せな人生を実現できる企業でなければならない。経営は経営者の人生哲学と決断力、実行力によって決まるもので、一人では何もできない。多くの人達の協力が絶対に必要であり、企業の成長は人がすべてと言ってもよい。

したがって、事業を成長させるには、まず経営者自ら成長し続けなければならない。企業は経営者の器によって決まると言われる所以《ゆえん》である。

常に感謝の気持ちと謙虚さ、素直な心で社会に必要とされる企業を目指すこと。お客さまの満足がすべての前提であり、満足していただけるお客さまを増やし続けることが、社員一人ひとりにとって、また会社にとっての財産になる。豊かな人間性を高め、それを財産にして新たな進化と発展を通して、これからも社会に役立つサスティナブルな百年企業を目指し続けることを願うものである。

そえがき「夢と感動の創造」

長年コンサルをやっていると、コンサルタントは教える人ではなく、教わる人ではないか……と思うことがあります。何も知らない私をここまで育ててくれたのは顧客である企業のトップです。ただただ感謝するしかありません。そのような中で、「最も影響力を受けた経営者を一人挙げよ！」と言われたら、迷いなく守末紀生さんを挙げます。そのいくつかを思い出しながら記してみます。

一、技術は環境変化に負ける！

守末さんが仙台で創業時、「シザー（ハサミ）によるストローク技法」で評判を呼び大きく成長するきっかけをつくったことは本文の中でも述べられています。しかし、決してそのことに甘えてはいません。一般には、職人的に技術を磨き上げることばかり考えますが（もちろんそれは大事なことですが）、技術は大事にしながらも「どんなに優れた技術でも、周囲の環境が変わればそれは通用しなくなる」……というのです。大体、一人美容室は技術の追求だけで満足していますが守末さんはそうではありませんでした。この言葉は守末さんの口から自然に出たものです。

二、笑顔の素晴らしさ

守末さんの素晴らしさはその笑顔にあります。百人を超える女性の美容師とともにあるせいかもしれませんが、これほど笑顔のきれいな経営者にお会いしたことがありません。そして社員たちへの挨拶の素晴らしさ。毎朝出勤してくる美容師さんに「○○さん、おはよう！」とニコニコ笑顔で率先して挨拶をします。店舗の巡回訪問時も同様。さらには終業後に毎日掛かってくる売上報告連絡には「○○店長、今日もお疲れさま、ありがとう！」と明るい声で応えます。出張など特別な事情がない限り、これを毎日続けるのです。美容師たちは皆、会長ファンになってしまいます。

三、徹底した現場主義と壮大な使命への想い

創業時はもちろん現場の第一線で頑張っていましたが、社長として事業を引っ張っていく立場になっても、現場を尊重する経営姿勢は全く変わっていません。積極的な店舗展開を進めていくと同時に、現場も大事にしています。経営の問題点、改善の種は現場にあり。だから顧客に接することをトコトン大事にします。一方、ブライダル部門に進出したり、本文にもあるとおり美容学校設立に奮闘したりと総合美容業としての地位の確立を目指しています。

一年ほど前、守末さんは第一線を退き会長へ、長女に経営を譲っています。「夢と感動の創造」という理念の実現に向かって新たな挑戦に入っています。

（亀岡睿一）

倒産からベンチャーキャピタル出資まで

プレファクト株式会社

社長　白田良晴

「銀行にお金を借りに行って断られたのではなく、預金をしに行って断られた」。白田良晴さんはこれほどの厳しい倒産体験を経て、新会社を設立。冬季オリンピックのボブスレーの刃づくりで名を上げ、今では小さいながらも山形発祥の精密部品メーカーとして全国の超一流企業から発注される企業となっています。

世間は思ったより厳しく温かい

現役経営者であり社長平均年齢より少々若い私が、経営者へ贈る言葉を述べるのはおこがましいことではあるが、特異な経験したことで参考にしていただけるかなと思う

父から会社を継承したものの法的手続き申請(倒産)、再生から新規立ち上げ、ベンチャーキャピタルから出資を受けてやっと普通の会社になれた。底を這《は》う時間が長かった私の経営履歴を記してみたい。二十九歳から社長を務めており社長歴は三十二年、つまり自分の人生の半分以上が社長なのである。オーナー社長を務めた人はご理解いただけると思うが、取締役と代表取締役の責任による意識の差には大きな溝があり、埋めることのできない底なしのクレパスのような差があると思う。よく、役員の方で「社長以上の気概と考えで頑張っている」という人もいるが、そう言っているうちはまだかなと思う。

現在、私の企業では、借入金は自己資本比率と信用から「無担保・無経営者保証」で調達できる。また、東北最大銀行系ベンチャーキャピタルからの出資も受けており、これまで付き合いのなかった金融機関からも融資をぜひと言われる。

以前より資金調達環境は大変楽になった。だからといって「ウチも立派な会社だな。お金を借りてくれと来る」というようにいい気になってはいない。信用を得るのは、ものす

ごく時間がかかり大変だが、信用を失うのは一瞬でいとも簡単になくなってしまう。これは十分に理解しているし、また油断もできないことも身に染みている。金魚すくいの紙に等しく、無残にすぐに破れてしまう。だから、すべてに対して慎重にならざるを得ない。

今はたまたま信用を得られているが、以前の私は次のようなことを言われていた。

・「銀行としてあなたとは付き合いたくない、口座をすべて解約しろ。応じない場合は強制解約する」⇩預金しかない銀行からである。もちろん借り入れもない。断っておくが、法的手続きを申請したが、銀行取引停止処分にはなっていない。

・「うちの銀行の口座を使うな、支店の門をくぐらないでくれ。二度と来るな」⇩これも預金のみの銀行である。

銀行に「お金を貸してくれ」と頼みに行って断られるケースはよく聞く話だ。しかし、私は預金に行って断られたのである。これは、本当に珍しいケースだと思う。だから、金を借りに行って断られるのは、まだまだ大丈夫ということになる。預金を断られないうちは。このようなヤツもいるのだと、自信の付いた方もいらっしゃるのではないだろうか。

大いに自信を持っていただきたい。

社長就任

私は、一九九一年九月に父の後を継いで社長に就任した。二十九歳のときであった。なぜこんな若造に代わったかといえば、父親が病気がちで入退院を繰り返していたからである。また、同時期に会社の経理を担っていた母親もがんになり引退した。

時はバブル経済の終焉《しゅうえん》期、宴の余韻が残り気持ちの良い時期との雰囲気があった。また景気は良くなる、なにせ日本は一億二千万人の金持ちがいる巨大市場だぞと皆が勘違いしていた。私もそう思っていた。先輩経営者も「白田君、朝の来ない夜はない。今耐えればきっと良くなる。これは長い経営経験から言える。頑張れ！」と。しかし、そのうち良くなるという期待に反し一気にバブル経済が崩壊して、当社の業績も大きく落ち込み経営危機に至った。その直接の経営危機の原因は、バブルの最中に主力取引先から増産を求められ、土地買収、工場増設、設備投資を実施したことだ。しかし、完成と同時にバブルが崩壊して受注が落ち込み、減収減益となって借入金の支払い、つまり減価償却が負担になったのだ。設備投資資金の償還、リース料の支払いが特に厳しい。また、このときどきの貸出金利はインフレ抑制政策もあり、借入変動金利のマックスが八・五％になったと思う。よって利払いも大きな負担となった。当然、借入金はリスケジュールを行い毎月の支払い負担を減らさざるを得なかった。

こうなると、銀行は早期の返済を求めてくる。三億円（売上高八億円強でバブルで儲けた預金）ほどあった銀行預金と借入金の強制相殺がまず初めになされた。メインバンクの言い分は「金利負担低減のため預金借入金相殺をしろ。資金が必要なときはすぐ出すから安心しろ。俺の命令を聞かないときは、手形割引と短期借入金の書き換えには応じない」と、それまで顧客扱いで敬語であったのが一瞬にしてタメ口を通り越して、命令調に変化した。もちろんこの後「資金が必要なとき」があっても融資に応じることはなかった。むしろ、チョット業績が良くなると、金利を上げられた。つまり元本内入れはなかったのである（借金が減らない）。

大口顧客に「設備投資の依頼を実行したのに、仕事が減ってしまった。何とかしてもらえないだろうか」と泣きついたこともあった。しかし、「設備投資はお宅の判断、こっちは関係ない」とのこと。むしろ「親企業に意見する生意気なヤツ、二代目社長」になってしまい逆効果であった。当時の客先は、納期が遅れると対策書提出を求めるが、注文がフォーキャスト（予報）通りされなくとも、それは予報であるので外れることもあると締めくくられる。

自宅など個人資産もすべて売却し、一回目の危機は何とか持ち応えることができた。しかし、その後アジア経済ショックが発生。売上が激減、マイナス八十％という惨事、売上が落ちると入金がないため資金の回転が止まってしまう。どうするか、手元の現金に若干の余裕があった。このカネを資金繰りに使い、運を天に任せるか？　結局、資金繰りに使わず、あることに使うことにした。それは、法的手続き申請資金と申請後の資金である。つまり民事再生法（当時は商法和議）を申請するには、裁判所への予納金と弁護士費用、申請後の仕入資金、給与支払、公租公課支払などが現金で必要なのである。法的手続き申請時には、債務残高にもよるが資金繰りにして最低二か月分、余裕があれば三か月分が必要であった。

お金がないと裁判所も弁護士も動いてくれないのである。「地獄の沙汰もカネしだい」というが、「この世もカネしだい」なのである。ギリギリまで頑張ってしまいカネが残っていなければ再生も不可能なのだ。また、破産もできないのである（当社の顧問弁護士はとても善良な方で、お金のことは一切言わなかった。しかし、顧問弁護士以外の裁判所への予納金や管財人への費用は必要なのである)。

和議申請

一九九九年一月二十日、山形地方裁判所に「商法和議(現民事再生法)」を申請した。負債総額は約十億円、内金融債債務九十八%(借金)、一般債権二%(仕入債務)であった。再生計画は、一般債権七十%の負債カット、残り三十%を十年で支払うというものであった。しかし、一般債権額割合が少なく債務圧縮が難しいので、金融債権で担保枠以上の金額を一般債権に移動して、金融債権も縮小する計画であった。一般債権者をすべて周り、頭を下げ再生に協力を願った。

怒る人もいれば、温かい言葉を掛けてくれる人もいた。怒る人の気持ちももちろん理解できる。しかし、怒った人ほど後から優しく接していただいた。「貴方のような若い人が会社を再建しようとしている。偉いなぁ、ウチの息子に見習わせたい」と言っていただいたベテラン経営者の方もいた。このように一般債権者は皆、温かかった。

今、思い出しても涙が出てくる。その人たちのおかげで今がある。感謝を忘れてはならない。ちょうど同じころ、大手企業もバブル崩壊の経営危機に陥り経営が行き詰まっていた。しかし、大手企業は次々と銀行から債権放棄という債務免除を受けていた。全くうらやましい話である。しかし、中小企業の再建はこうはいかない。地べたを這《は》うのみである。

ちなみに、当時のメインバンクであった先の銀行は、法的手続き申請に対して大いに憤慨した。このような申請は、財産保全のために水面下で秘密裏に進むことが必要である。「なぜ相談しなかった。必要資金が必要であれば用意できたかもしれないのに」、しかし、当社顧問弁護士から「再生には商法和議しかない。公平性から秘密裏にすべし」と言われると、銀行の面々は沈黙するしかなかった。当方としては再生案に沿い、納得していただくしかなかった。

法的手続きを申請した同年のクリスマスイヴ十二月二十四日に裁判所で会社再建が認可された。まさしく一からやり直しの気概になった。三十七歳のうれしいクリスマスであった。

しかし問題が残った。

一、担保付き債権

政府系金融機関は再生案を認めず、担保案件売却後の借入金は一般債権移行ができない。よって、カットと残債の長期支払いができない。一括弁済しか選択肢はない。一括弁済に応じられない場合は、本社工場を競売にかけるとのことであった。
二、当時のメインバンク　地元銀行
裁判所案に同意いただき、弁済を開始していたが、突然債権を債権回収会社（サービサー）に売却した。交渉相手と条件が突然変わってしまった。
三、取引先
法的手続きを申請した企業とは取引ができない。
四、一部仕入れ先
迷惑を掛けていない相手にも関わらず、大手企業の仕入れ先は倒産経験のある経営者とは取引できないとの対応であった。
五、社員
倒産企業の社員ではいたくない。退社相次ぐ。

まさしく四面楚歌ならず五面楚歌である。政府系金融機関からは一括弁済を求められた。一括に応じない場合は、本社工場を競売にかけるとのこと。もちろん当方は一括弁済ができないから、法的手続きを申請したのである。この金融機関は交渉には一切応じないとのことであった。その理由は、当時の内部規定では「会社更生法か破産法の申請」でなければ交渉不可のようであった。これにより、再生に歩み始めた当社の本社工場は破産財団となり、担保に入っていない機械まで差し押えとなってしまった。まさしく本当に終わりの始まりである。

ここで、顧問弁護士に政府系金融機関と機械設備の帳簿価格買い取り交渉を依頼した。粘り強い弁護士の交渉のもと帳簿価格での買い取り認可が得られた。何とか資金をかき集め、競売財団から必要な設備の一部買い取りを行った。償却しきった設備を中心にして買い取ったため、費用も低額にて済ませることができた。そして、別の場所で建物を借りて新たに会社を立ち上げることとなった。ここでも立ち上げの過程で幸運なことがあった。東北の発明王といわれた経営者から「若い人が経営をやり直そうとしている。立派ではないか、応援すべき」と口添えをしていただいた。これにより、会社立ち上げの手続きがスムーズに進んだのだ。のちに、この方が亡くなり遺影を見たときは、当時の言葉を思い出し、涙が止まらず号泣してしまった。

父親から継いだ企業はここで破産法を申請して清算した。もちろん連帯保証人であった私も負債を清算した。後付けの連帯保証（借りた本人ではない）なので、自分の資産をすべて処分して決着を付けることができた。

新会社設立

課題を一つひとつクリアして新会社を立ち上げたが、問題はまだ残った。

・資　金：運転資金がない。借入もできない。
・客　先：倒産経験経営者の会社には仕事を出せない。
・仕入先：特に大手企業。倒産経験経営者の会社にはモノを売れない。

ということである。違う新しい会社になったとしても、倒産経験経営者にはつらいモノである。その対応策として次の方法を取った。景気の上昇風が吹き運に恵まれたのは大いにある。

・資　金：半導体市況が世界的に活性化。収益の高い受注が大量に入った。営業活動によるキャッシュフロー経営に移行。

・損　益：日々損益の管理を実施。毎朝、前日の実績を全社員に見える化すると同時に、「入るを量りて出ずるを制す（上杉鷹山）」体制として短期的資金の明確な見通しを可能にした（固定費は日割りで計上）。

・客　先：「ここでしかできない。ここから買わざるを得ない」といった高付加価値の特殊分野に特化。要するに私が倒産経験者であろうと、私から買わざるを得ない状況を構築したのだ。稀少性があって模倣性の難しいものに特化した。必死に生産技術を研究してモノにしたのだった。父から引き継いだ会社の仕事はこの段階でなくなった。新しく開拓したモノばかりになった。

・仕入先：先払いを求めたところは、出荷前送金にて解決（断っておくが先に現金を要求する会社は再生法申請時に迷惑を掛けた会社ではない）。ほかは月末締め翌十五日振込、と支払いを早くした（金払いを良く）。

・初期投資金額負担の減：設備投資は中古品やオーバーホール品。新品は海外から購入（円高で安く感じた）。実際に自分で出掛けチェックや確認をして中間の経費削減。

このような戦略で十年以上経営を行った。その結果、実質の自己資本比率は八十％近くなり、流動比率は三百から五百％の優良企業になり得た。しかし、それでも地元銀行の評価は厳しい、企業の財務内容が良くとも、倒産経験経営者には寄って来なかった。よって、客観的評価を高める努力も同時に行っていた。「第一回元気なモノづくり中小企業３００社」に選定され、「日本機械学会東北支部技術研究賞」二回受賞（当時民間人では初）、「科学技術大臣賞」受賞、このように内外で頑張った。それでも地元銀行は寄ってこない。メインバンクに手をあげる銀行はなかった。倒産経験経営者は相変わらずつらいのであった。

そこに、地元山形ではなく仙台市に拠点を置く東北最大の銀行から、メインバンクと出資の申し出があった。堅い審査で有名な銀行である。ナゼこのような一流銀行が？　当社は東北経済連合会の外郭団体である東北ベンチャーランド推進センターの応援企業であり、長年当社の企業活動を見ていていただいたとのことであった。もちろん、このような夢のような話は受けること以外の選択肢はない。デューデリジェンス（価値リスク調査）を受け、全く問題がないと判断され、融資と出資が実行された。資本金の半分がベンチャーキャピタルから実行され、個人企業から公の企業に変化した瞬間である。地元紙、全国紙、銀行、ウェブニュースに投資のお知らせや記事が掲載された。長年の周囲の評価も「倒産経験経営者企業で、あの会社チョットやばいかも」から、「あの銀行が大株主だからいい企業かも」に転換した。そして、一気に会社の信用がマイナスからプラスへ逆転した瞬間がきたのである。

「お前とは付き合わない。来るな！」と言っていた銀行も再び取引を申し出てきた。「俺になんて言った？　それでよく来たな」と啖呵《たんか》を切りたいところだが、それを言ってしまうと相手と同類になってしまう。プライドにかけてあえて言わない。それより「やっと取引できますね。ありがたいことです」と言っていた方がカッコいいのである。

支えてくれた社員

一般的に中小企業では、企業規模と社員数からいって人材の数が限られると言われている。分母が小さいのであるから、当たり前のことである。そこで、一般的なことは脇におき視点を変えて考えると、中小企業も人材がいると言える点が多々ある。

例えば、倒産状態に陥ったときに人材について強く考えさせられることがあった。私の場合は「再生」を前提とした法的手続きを申請したわけである。つまり事業を継続するのである。社員の雇用の場を確保したいという思いもあった。

社員には次のように声を掛けた。「現在は、負債つまり借金が多いので、これを整理して出直しを図る。これにより、現在の売上、営業利益の構成でも十分にやっていける。利益を生む会社に変化できる。雇用も守れる。しかし世間の不評は厳しい、耐えがたいことを耐えて、忍び難いことも忍んで、皆で力を合わせて頑張ろう！」という内容である。

雇用を守るための再生手続きでもあったわけであるが、その結果は後日現われることになる。残念なことに雇用を守られる側では、その意識のない人もいるのである。反応は何種類かに分かれた。①俺の退職金分はあるのか？　なければ辞めるに辞められない。②潰れた会社にいるとローンも組めないので辞める。みっともないので辞める。③不況期で再就職先もない、しばらく様子を見るか。いずれ辞めるか。④俺は、私は最後まで残ってやり通す。

自称「能力のある人」「仕事ができる人」は、①・②が多かった。③は優柔不断な人間である。では、自称能力があり仕事ができる人は、本当にそうなのか、なのである。私の経験値から、人間の中で突出して元々能力のある人は一～二％程度でないかと考えている。ＩＱが極めて高いメンサは上位二％としているが、これと比例すると思う。

これから言えば、普通の人がほとんどになるのだ。その普通の人で能力の高い人の特長を考えると、同じことを長年やり続けている人、つまり人より長くやっていると習熟して能力の高い人になる。これは、私の「人の倍以上をやる」方針と根底でつながっていると も言える。各界の達人といわれる職人も長年同じことをやり続け、今の評価を得ているのである。

「口が達者で能力がある」といわれた人は私の元から去っていった。私とともに新しい加工技術に挑戦しやり遂げてきた人間は、「朴訥《ぼくとつ》で言葉が少ない。大事なことも発しない。しかし、毎日休まず、遅れずやって来て、諦めることなくトライを続けている」のである。

気の利いたことは何も言わないが、取りあえず私の近くにいて、そしてボソッと「俺（私）すっから（やりますの山形弁）」というだけなのである。しかし、その一言はどんな美辞麗句よりも、重い、思いやりのある、涙が出る一言であった。

産学連携

この寄稿を読んで気が付いている人もいると思うが、「機械学会技術研究賞」、「科学技術大臣賞」、「元気なモノづくり日本の中小企業300社」、「日本ものづくり大賞」、「地域未来牽引企業」ほかと各賞を頂いている。「これってすごくないか？　なんでこんなことができるの」というのが正直な感想ではないだろうか。これは東北大学大学院教授堀切川一男先生との共同研究の成果である。もちろん私一人ではとてもできるモノではない。

ことの発端は、一九九八年長野オリンピックが開催されるにあたり、私の友人がボブスレー日本代表チームのコーチを務めていたことである。このときに道具の要であるソリの刃（ランナー）の国産開発を依頼された。私はモノを作れるが、氷と接触するランナーの摩擦理論は分からない。そこで意を決し、既に若くして摩擦学（トライボロジー）で国際的に有名な堀切川先生をたずねたところ、協力していただけることになった。「地元の中小企業が日本のために頑張ってんだ。俺は黙って見ていられない」と男気あふれる言葉を頂いた（ちなみに先生のカラオケ十八番は「兄弟船」）。こうして製作された共同研究品は、見事に長野オリンピックで日本チームに採用された。その後ワールドカップ、世界選手権にも採用され、世界大会で使用されるアイテムの一つになった（日本唯一）。そして、ついに二〇一四年一月の北米カップで世界チャンピオンになった。

ランナーを開発する過程で、大学の研究室に出入りするようになった。そこでいくつかの摩擦工学における研究テーマを間近で見ていると、製品化可能なモノが沢山あった。私はモノ作りが本職。「こういう部品を作れるのでは」と提案し次々と試作品を製作した。

研究テーマが試作品へ、そして研究室での試験を経て学会発表と世に紹介されたのである。その結果が、各賞受賞に続いていったのであった。あるときは、ハワイのスバル天文台の遠赤外線分析装置用「マイナス一九六度環境で作動する軸受」を作ってほしいと依頼があった。世界の一流有名軸受メーカーと一緒にテストを受け、当社製品が見事採用になった。「素晴らしい」の一言である。ちなみに私は、納品のためハワイ島の四千二百七メートルのマウナケア山頂にあるスバル天文台を訪ねている（仕事でハワイは良いですね！）。これらの製品は科学技術振興事業団の博物館に展示品として採用された。

大学講師

私は博士号（経営学・東北大学）を持つ大学の非常勤講師でもある。「えっあの白田が？　なんで」と思われるのが普通で、従来の自分を知る人間には当たり前のことだ。専門は「ベンチャービジネス論」であり、新しい分野の学問を担当していることもあり、研究者が少ないため私に依頼をすることもあると思う（ニッチな教員の市場ともいえる）。

なぜ、博士号を持っているかというと、債権者である銀行と丁々発止をやるには、余りにも理論武装がなっていなかったからである。要するに「やられっぱなし」。これを打破するために、大学院に入り理論を身に付けたのである。ときは大学院がそれまでの大学教員養成専門から広く社会の人材を育てるために転換した時期でもあった。各分野から優秀な研究者や企業のエリートが大学院に集まった。その中に私がいたのである。断っておくが私はエリートでも何でもない。

ここでも運が良かったことがある。私は大学生のとき、勉強が好きではなかった。どちらかといえば運動が大好きで、スキーの指導員を目指していた。本気でオーストリアに留学し国家検定員を取得したいと考えていた。しかし、社会人になると現実があり、経営学を勉強せざるを得なかった。

ところが、勉強し始めたらこれほどおもしろい学問はあるのかと思ったほどであった。つまり、実務に役に立つので、目的意識がハッキリしたのである。そこからコツコツと経営学を勉強し始めて、アメリカのＭＢＡにも興味を持つようになり、英語の勉強も継続していた。十五年間そんなことをしていたら、いつの間にか積み重なり、基礎学力が大学院に入れるまでになっていたのである。

特に会計は必死なる資金生み出しの実務を通して自称プロ級となり、会社法や再生法も生き残りに必死になって読み込み身に付いた。また、再生の弁済計画は、事業計画と営業活動によるキャッシュフロー計画と全く同じ考えである。現在価値の割引もしかり。これらの分野では、新入院生早々から教授と議論できるようになっていたのである。このように倒産の影響は自分の知識を深めるプラスの面も多くあった。

大学院には、院試験を突破し学部から上がってきた優秀な院生、企業から派遣されたエリート社員、既に大学の教員ながら旧帝大学位取得目的の先生、自費で自己研鑽のために来ており一言も聞き漏らさない姿勢の社会人、各国を代表して来ているトリリンガル以上の留学生など、そこにはピリピリした雰囲気、学ぼうとするもの凄い熱気、ギラギラしたやる気と各人の高尚な思想があった。私もこの雰囲気に感化された。このようなハイレベルでの自分の武器は、倒産と再生を通じて学んだことであった。幸いなことに、これがあったために何とか大学院を続けることができたのだと思う。

博士号を取得すると、地元大学での非常勤講師の声が掛かるようになってきた。非常勤といっても、年間三十コマの授業を持ちテストを実施、採点をして単位を授与するのであり、授業においては本職の先生と変わらない。実務と学問の融合を目指す私のスタイルは、結構学生の受けもよく（単位が取りやすいこともあるが）、四百名のクラスを二つ担当することもあった。

しかし、授業をする側はプロであるので学生とは真剣勝負である。間違っては教えられないので授業の準備には時間をかける。一コマ九十分であるが、同じテーマで行う場合でも三倍の準備時間をかける、新しいテーマの場合は十倍近く、それ以上かけることもある。授業準備の負担は少なくないが経営学を担当するため、真剣にやればやるほどここで勉強したことはすべて自分の実務に生かせるのである。

私は、付き合いのゴルフ、酒飲み、○○クラブなどの社会活動をしない、というよりできない。「会社を潰して酒飲んでいだっけよ、ゴルフしったけじぇ！（山形弁）」と言われかねないし、債権者の方に申し訳ないという思いがまだあるからだ。だから、こういったものや趣味に使う時間を大学関連に使用している。ついでに自分の勉強にしている。

私立大学で十年ほど担当したあと、現在は東北大学で非常勤講師を務め四年になる。東北大学は出身の大学院ではあるが、旧帝大で授業を持ってみたいという憧れがあった。まさかここから自分に声が掛かるとは思っていなかった（研究分野が珍しいということもあるが）。これらを通じて考えると、倒産は確かに「負け犬」の烙印を押され、なかなか這い上がれない。それを這い上がろうとすると、かなりの苦労があり努力が必要である。しかし、そこを通じた努力は非常に大きな力を自分に与えるモノなのだと思う。私にとっての倒産は、結局のところ自分にとって良い経験になっているのであり、人間的にも成長をさせてくれたと思う。だとすれば、倒産の原因となる借金を多く残してくれた親に感謝しなくてはならないのである。初めて借金のお礼を言った。

倒産経験経営者の谷続きの経営者人生であった（まだ現役でこれから何があるか分からない）。何とか続けられている。約三十年間ここまで続けてこられたが、私は決して立派な人格でもなく、優れたリーダーでもない。実際に人間的にも変なヤツで、「あの白田がぁ？」とよく言われる。その証左に妻からは態度と口のきき方をよく注意される（今、自分がこうしていられるのは、この変な人間を支え続けてくれた妻のおかげであるのはいうまでもない）。

変なところばかりである人間だが、唯一何か得意なことがあるとすれば「努力を続けること」である。例えば人が一時間するところは最低倍以上すると決めている。そしてそれを継続する（しつこさも得意）。なぜなら、特に優れた才能がない。しかし、努力を続けることに才能は不要である。継続すれば良いだけのことなのだから簡単である。努力してアイデアを出せば道は開けるのではないか、「努力すれば道開く」と信じて進むしかない。

ということが私の経営経歴です。どうでしょうか皆さん。「カネない、信用ない、仕事ない、設備ない、あるのは保証債務だけ」から、何とか第三者が出資する「公の企業」の経営者になれました。今苦しんでいる人がいるとすれば、私の経歴を見れば、まだまだ頑張れるのではないでしょうか。こんな私でも三十年続けられたのです。この本を読む人は向上心のある人です。きっと私よりも素晴らしい人たちです。もっと良い結果が出るはずです。頑張ってください。

※二〇二四年六月一日、プレファクト株式会社はM&Aにより、業界大手企業のグループ企業になりました。企業の見えざる資産（ケイバビリティ）を評価頂きました。大変ありがたいことです。

そえがき「不屈の経営者魂」

白田良晴さんの波乱万丈の半生記です。二十九歳のときに、病気がちの父に代わり社長就任、時はまさにバブル崩壊期。先代社長のときに主力取引先の求めに応じて新工場を増設しましたが、バブル崩壊により売上激減。個人資産を投げ打ち対応しましたが、大手企業の生産拠点海外移転の流れが、致命傷となり和議申請。既存の会社は清算し、新会社プ

レファクトを設立して現在に至っています

継承した会社を再建、和議、清算と波乱のときを重ねましたが、彼の真骨頂は新会社をつくってから発揮されました。残された少ない社員と技術、これを活かすべく、大学や国の支援策を最大に活用し、小さいけれど個性のある会社をつくり上げたのです。

それを可能にしたのは彼の努力の積み重ねと根気です。その背骨にあるのは「負けてたまるか」という反骨精神にあります。それが小さくともキラリと輝く会社をつくり上げ、顧客は全国の超一流企業が軒を並べます。個人的には経営学博士号を取り、東北大学の講師を勤めるまでになりました。倒産から再建できる経営者は限られています。その貴重な体験を自らの経営に活かし、学生たちに不屈の経営者魂の重要さを伝えています。

第二部　経営コンサルタントの足跡

第一章　経営はドラマだ
――心に残ったシーンを物語で再現――

経営コンサルタントとして関わらせていただいた多様な企業の中から、いくつかのシーン（場面）を物語風に再現しました。企業が特定されないよう、人物や状況を一部変えて作成しています。

企業経営は奥深く難しいものですが、ほかでは体験し難い大きなやりがいをもたらせてくれます。この物語は、ある会報で連載中のコラムから十二話を掲載しました。

ひまわり社長の笑顔

泣き虫社長

秋川食品の秋川社長は二十三歳のとき、先代社長が亡くなり急遽社長に就任した。今からもう四十年以上も前のことである。作ることも売ることも何一つ分からず社長になったので、古参社員からはバカにされ、時には暴言を浴びせられ、気の荒い社員に殴られることもあった。毎日がつらくて社員の前で泣き出すこともあった。毎日毎日、暗く沈んだ顔で出社していた。当然、会社の雰囲気は沈みがちで、業績も下降線をたどっていた。それでも何とかやれたのは、前社長が育てた幹部社員が支えてくれたからだった。

前社長が残してくれたもの

社長就任してから二、三年後のある日、前社長の遺品を整理していたら、日記帳が出てきた。そこには自分と同じように家業を継いだ社長としての苦悩が綴られていた。その中に次の言葉が記されていた。

「社長はたとえ能力がなくても、社長である以上、会社の顔だ。外部の人も従業員も、いつも社長の顔を見ている。社長が暗い顔をしていれば社内も暗くなる。社長の仕事は『ひまわり』と同じ、いつもお日さまに向かっている、いつも明るい方を向いている。だから社長はいつも明るくなければならない」

闘いの日々

この日を境に若社長は変身した。いや変身しようと努力した。「いつも明るい顔を社員に見せよう、明るい言葉を投げかけよう」。社長の自分との闘いが始まった。一日を振り返り「今日一日笑顔は出ていたか」と反省し、手帳に○△×で記録した。元気が出るような本を読んだり勉強会に参加したりもした。お客さまにどなられたり社員になじられたりしてもじっと我慢して、明るく振る舞おうとした。

苦しい自分との闘いの年月が続く。社長の重責に耐え切れず辞めようと思ったことも二度、三度ではなかった。だが、そんな時間が繰り返されるうちに、「秋川食品の若社長は明るい社長だ」という外部の声が聞こえるようになってきた。社内の社長に対する見方も変わってきた。「社長は話しやすい人だ」「社長は社員の意見をよく聞いてくれる」という社員の声が増えた。社内の雰囲気も明るくなり、業績も回復してきた。

ひまわり工場誕生

やがて若社長が四十代半ばを迎えた頃には、業績も順調に伸び、新しい工場建設の必要性が言われるようになった。そこで社長を中心に新工場が検討され、やがて真っ白な明るい工場が建てられた。その工場は「ひまわり工場」と名付けられ、正面に黄色の大きな「ひまわり」の絵が描かれてた。従業員の食堂や休憩室は日当たりの良い一番良いところにつくられた。町の人たちは「秋川食品の社員は皆、明るくて元気だ」と誇らしげに語ってくれるようになった。

気持ちよく働ける会社

秋川食品と同業種同規模の会社はたくさんある。しかし、決定的に違うところは、生産性の高さである。秋川食品は業界平均を上回る生産性を上げている。従業員一人ひとりが稼ぎ出す利益の額が業界平均よりはるかに高いのである。

笑顔が多く、考え方や言葉が前向きならば、そこにいる皆が気持ちよく働けるため、自分の能力を力いっぱい発揮できることになる。ただ真面目で真剣なだけでは能率は上がらない。お互いが信頼し合い、共感できるとき、人は自分でも驚くほど力を発揮することができる。

ひまわり工場は次の社長に受け継がれ、また新たな出発点に立っている。不況の波は厳しく、決して予断を許さない環境だが、「ひまわりの精神」はしっかりと社員に受け継がれ、根付いていくことだろう。

社長を支える最後のとりで

会社を指に例えれば、社長は親指で社長の奥さんは人差し指のような存在だろうか。特に小企業の創業時においては、社長の奥さんの果たす役割は大きい。

会社を創業する

萩野工務店は、個人経営で大工を数人使い、住宅建築を請け負っていた。社長が若いころそうだったように、自宅に見習い大工を住まわせ育てながらの経営だ。若い見習い大工の朝昼夕の食事から小遣いに至るまで、奥さんも必死になって支えていた。優しくこまやかな気遣いのできる奥さんのサポートのかいもあり、仕事は順調に展開していた。しかしある時、社長は一念発起し、不動産開業の資格をとり、建築部門と合わせて会社を設立し、街の一角で交通の要所に会社事務所を開設した。

「今のままでも不自由なくやっていけるのに」「そんな無理をして失敗したらどうするん

だ」という周囲の声に惑わされることなく、社長は自分で道を切り開いてひたすら歩き続けた。社長は営業に飛び回り、奥さんは電話番、そしてたまに来るお客さまの対応に明け暮れた。

そうこうするうちに、貸家の紹介やアパートの仲介など、不動産の仕事がポツポツ入り始める。やがて事務所へ住宅建築の依頼も入ってくるようになった。ようやく事務員を採用し、現場監督を入れ、設計見習いも採ることができるようになった。奥さんも一人二役、三役から少しずつ解放されていったが、別な新しい仕事が加わってきたのである。

住宅に女性の感性を活かし、施主の奥さんとのコミュニケーションをとり易くするため、現場も設計も女性の見習いを中心に採用した。すると、技術と根性はあるが、こわもてで、人使いの苦手な社長では手にあまる問題が生まれてくる。また奥さんの出番である。会社の名前も少しずつ売れてくると、地元の付き合いや町内会活動など、ここでもまた奥さんの力が必要になってくる。

妻を楽にしたい

社長は困ってしまった。そもそも会社をつくったのは何のためだったのか。個人経営に問題はなかったが、このままではやがて行き詰まるときが来る。それに男としてもっと大きな仕事がしたいという夢もあった。

また、心の底では妻に対する想いもあった。「自分を犠牲にして必死に支えてくれている、こんな妻を何とか楽にしてやりたい」。そう決意して新しい道に足を踏み入れたのだ。それがまた同じ道をたどろうとしている。そして子どもたちも母親を必要としている大事な時期に来ている。

思い切って社長は奥さんの仕事を社員に任せ、自分も社員とのコミュニケーションを積極的に取るよう努力することにした。

存在することが最高の支え役

ところが半年ほど経って、思わぬ事態に陥ってしまった。奥さんがいわゆる「空の巣症候群」のような状態になってしまったのである。今まで自分を顧みることもなく、必死になって働いてきた。それがあるときを境に、なんとも表現のしようがない喪失感に包まれてしまった。納得の上とは言いながら、実務から遠ざかり、子どものために勤務時間を半減した、それが逆に自分の存在感に不安を感じることになったのだ。

そんなある日、社内の暑気払いの席で、社長とともに苦労を重ねてきた年配の営業担当者と中堅の現場監督の大工が、奥さんに話しかけた。「たとえ短い時間でも会社に顔を出し、社員の話し相手になってあげることは大切な仕事です」「社長が奥さんを必要とするのはこれからです。存在することが最高の支え役ではないですか」と。

ベテランの二人の話を聞いて奥さんは、本当に自分が果たすべき役割をしっかりと確認することができたようだった。

鬼軍曹健在なり

品質へのこだわり

北進建設は社員十数名の小企業ながら、その地域の建設業界ではトップクラスの高収益企業である。いや、正確には高収益企業であったと言うべきだろう。ここ数年の、地方の受注環境の変化で、かつてほどの利益は稼ぎ出せなくなった。それでも、同業の中では上位の稼ぎ頭と言われている。北進建設の強みを一言で言えば、「絶対に手を抜かない。品質への強いこだわりを持つ」ということだろうか。この品質へのこだわりが、現場管理者の仕事にかけるプライドとして、浸透しているところに強さがあるといえよう。

どの業種でも、売り上げや品質に大きな影響力を持つのは、現場を任せられている部門長である。建設業でこの立場に立つのは、通常「現場監督」と言われ工事現場を任せられている工事代理人である。この現場監督の良し悪しが、工期、品質、原価などを決定づける、強い影響力を持っている。

競い合う現場

北進建設では現場監督が互いに競い合って、より良い工事を仕上げようという気風が漲《みなぎ》っている。もちろん中には管理が甘く、工期遅れや赤字工事を出す現場監督もいる。だが全体としては、上昇志向の強い監督たちに支えられ、今日の北進建設がある。

どんなことでも絶対に手抜きをしない。ときには頑固なまで妥協しない一途さは、当然ながら発注側の担当者から圧倒的な支持を得る。

「次の工事の代理人も、山田さんをお願いします」と指名されたり、一般には高い評価をもらえない公共工事の『工事評価表』でも高得点が出されたりする。時には社長が「そこまでやらなくてもいいんじゃないの」ということもあるぐらいだ。しかし、品質にかける現場監督の思いは強く「ここのところが肝心なんです」と社長といえども簡単には引き下がらない。

責任感が人を鍛える

北進建設には、内藤さんという工事部長がいる。五十代後半の厳しい顔つきで、いかにも現場監督という近寄り難い雰囲気の人である。だが、たまに見せる笑顔や悩んでいる部下への声掛けなど、何ともいえぬ温かさがあり、この奥深さが部下たちの信頼を集めている源かもしれない。

この内藤部長の仕事にかける厳しさは、社外でも有名である。古くから付き合いのある業者は内藤部長のやり方を熟知しているので問題ないが、新規の業者は大変である。工事開始前の準備段取りから職人、作業者の手配まで一切妥協を許さない。そして工事が開始されると、厳しい原価計算からはじき出された高生産性対策で、少数精鋭ぶりを徹底して要求される。少しでも余計な人員を配置しようものなら大変だ。「何を考えているんだ！お前のところはもういらない」「引き取ってくれ！」と厳しく一喝される。

新たに内藤部長の配下になった協力業者は、工事が完了するとその多くが、北進建設の社長に直訴する。「もう内藤部長の現場は勘弁してください」と。しかし、内藤部長に鍛えられた業者は、自らも高い利益を稼ぎ出せるようになり、より親密に協力体制をとっていこうとする。逆に泣きを入れ内藤部長からダメを出された業者は、結局どこでも使い物にならず、自然に消滅していくことになる。

仕事の使命にかける責任感の強い、鬼軍曹のいる企業は栄え、鬼のいない企業は衰退していく。このことを企業興亡の歴史が教えてくれている。

タクアンに教えられた日

歓迎されなかった入社

春山食品の渡辺工場長は、タクアンについて忘れられない思い出がある。この食品メーカーの創業社長は、息子の専務を後継者にと思っていた。今から二十年前、息子の補佐役を優秀な人材で固めようと考え、東京にいた娘婿の白川君に声を掛けた。彼は性格も大らかで明るく、しかも機械メーカーでトップセールスの実績を上げていた。社長に説き落とされ入社した彼は慣れない仕事を一生懸命覚え、持ち前の明るさで社員やお客さまから信頼を得て、順調な滑り出しをしていた。

しかし、思わぬところから問題が起きた。社長や周囲から受けの良い白川君を専務は快く思わず、何かにつけ厳しく当たる。専務とのこんな関係が仕事に悪影響を及ぼさないわけはない。日に日に明るさを失っていく白川君を見て、当時製造課長だった渡辺さんは彼には気分転換が必要だと判断し、ちょうど募集中の禅寺での二泊三日の幹部研修への参加を勧め、自らも同行することにした。

異次元の体験

禅寺の専門道場の一日は午前四時、修行僧が「カツ、カツ」と木版《もっぱん》を激しく打ち鳴らす音から始まる。急いで夜具を片付け、わずかの水で顔を洗い外へ飛び出す。作務、読経、座禅と続き朝食となる。起きてから寝るまですべてが修行だから、食事も厳格な作法の下に行われる。朝は天井が映るような薄いお粥とタクアン二切れだけ。熱いお粥を冷まし冷まし食べていると「早く食え！」と檄《げき》が飛ぶ。食べ終わると碗にお湯が注がれその湯で箸と碗をすすぎ、その湯をお茶代わりに飲み干し、碗と箸は自分で保管する。

昼と夕は麦飯に一汁一菜が付く。この食事の間に研修講座や座禅、読経があり、午後九時の就寝で一日を終える。すべてに静かさとスピードが要求され、怠ると厳しい指導が入る。

事件勃発

白川君が「事件」に遭遇したのは初日の昼食時、禅寺での最初の食事のときである。三十名ほどの受講生が慣れぬ手付きで、何とか食べ終わり箸を置いた。そのとき、指導僧から「残すな！」と厳しい声が飛んだ。見ると白川君の小皿にタクアンが二切れ残っていた。指導僧はこれを見て檄を飛ばしたのだ。そう言われれば仕方がない。緊張した面持ちで白川君はタクアンを頬張り飲み下した。食後の休息時に渡辺課長が彼のところへ行くと、青ざめた顔に脂汗を浮かべている。「どうした」と尋ねると意外な答えが返ってきた。

「実は好き嫌いはない方だけど、タクアンだけは苦手で今まで一度も食べたことがなかった。しかし、先ほどはあのような状況のため、やむを得ず飲み込んだが何か気分が悪い」とのこと。持ち合わせの胃腸薬を飲ませ、体質に合わない物は無理して食べることはないから指導僧に言っておくというと「いや、大丈夫です」という。それから六度、毎食出されるタクアンを白川君は何とか食べるようになった。

食わず嫌い

わずか三日間ではあったが、参加者各々が禅寺での貴重な体験を積んで研修は終了した。それから二週間ほどして白川君が声をかけてきた。「お陰さまで専務とうまくやっていけそうな気がします」と表情が明るい。

「今まで、小さな自分にこだわっていたことが分かりました。こちらから近づいていけば専務の考えている事や悩みも分かるようになりましたし、専務も私のことを心配してくれていることが理解できるようになりました」

「それは本当に良かった」

「これもすべてあのタクアンが教えてくれました。食わず嫌いで今まできましたが、タクアンも意外においしいものですね。何でも当たってみなければ分からないということが理解できるようになりました」

あれから二十年、今では白川君は常務として新社長を盛り立て、業績向上に大きく貢献している。

意外なひろいもの

人員整理

高石電子が、経理担当者の採用試験をしたのは、三年前の残暑が厳しい九月初めの頃だった。同社は小規模だが、業界では技術力に定評のあるメーカーである。

だがここ十年、中国などの海外メーカーの安値攻勢に押され業績が急降下していた。三十名足らずの工場であったが、人員整理をせざるを得ず、温情家の社長は泣く泣く十名の社員に辞めてもらい、残った社員の給料カットに踏み切った。

さらに、社員への説明会や個人面談などの繰り返しの中、経理事務を長年一手に引き受けていた女性も、自らの意志で退職することになった。

経理担当者の募集

経理担当者の募集が行われた。採用条件はパートで経理事務経験者という厳しい内容ながら、十数名の応募があった。筆記試験や面接の結果、最終選考に三名が残り、再面接の結果、人物、経験、成績とも抜群なA子さんを内定し、通知した。

ところがその日の夜、「せっかく採用していただきながら申し訳ないのですが、辞退させてください」との電話が入った。

人員整理の渦中にあり、採用条件が低いことに家族が不安を感じたのが原因らしい。やむなく再度応募者を見直し、人物的に印象が薄く、最終決定からは外れた洋子さんを再面接した。実務経験と行動力に物足りなさはあったが、感情的な安定感の高さが当社の現状には最適という結論になり、採用を決定した。

沈没寸前の社内

社内は混乱していても、客先との対応や営業事務の遅延は許されず、しかも経理の引継ぎは急を要している。採用決定の翌日から即出社、引き継ぎがスタートした。

「資格はあっても経験がないので不安です」とは前任者の初日の感想だ。営業からは「電話の応対が暗い」「返事が遅い」と言われ、工場からは「理解力がない」と言われる。金融機関からも「もっと実務の分かる人を入れるべき」と散々の悪評価。引き継ぎの一週間はあっという間に過ぎ、洋子さんはできる、できないに関係なく独り立ちすることになった。

人員整理という重い雰囲気の中でも日常業務は進んでいく。客先から納期の確認、営業から請求内容の問い合わせ、工場から資材の確認、金融機関から資料提出の要請などなど……。洋子さんは叱られ、嫌味を言われながらも周りの人たちに聞きながら黙々と仕事をこなしていった。

社長のひとりごと

やがて一か月が経ち、半年が過ぎ、入社して丸一年を迎えた。その頃には洋子さんに対する周りの目も変わってきていた。早くはないけれど頼まれたことは確実に処理していく。そんな仕事ぶりに信頼感が生まれ、周囲の人も協力してくれていた。

一年半ほど過ぎた頃には工場との関係も変わってきた。以前は管理される側という意識がどこかにあり、ギクシャクした雰囲気が漂っていた。それが今では気軽に事務所に立ち寄って「営業からこう言われているんだけど、どう思う?」などと相談したり、パソコンに向かって仕事したりする姿が見られるようになった。営業からの苦情もなく、金融機関も今では「いい人を入れましたネ」という始末。

ある日の営業会議のあと、洋子さんの作った決算書を見ながら社長がポツリといった。

「今さらながら、人は経歴だけでは判断できないと痛感したよ。彼女が入社していなければ、今ごろどうなっていたことやら。私は本当に良いひろいものをした。彼女はわが社の宝物だ」

命のバトン

非常時の社長交代

シルバーの建屋の周りを、赤いラインのフェンスが取り囲む。一見、服飾デザインの会社かと間違われそうだが、ここは精密機械部品をつくるクリス精密の工場だ。

鋳物職人だった父親は腕を見込まれ、精密機械の分野に進出し順調に売り上げを伸ばしていった。それから十数年後、メインバンクの熱心な勧めで倍以上も広い新工場を建設する。しかしわずか半年後、あのバブル景気が崩壊し、売り上げが十分の一に急減した。

あわてたメインバンクは、元本返済の一時棚上げの条件に社長の交代、人員半減、資産売却を提示してきた。後継社長として修業先から呼び戻された長男の高広君は、大学を出て間もない二十六歳の何も知らない青年だ。

戻ったその日から高広社長は連日、銀行や仕入れ先、外注先からの未払い金の対応の矢面に立たされた。

何も分からず、何もできない彼はただひたすら「申し訳ありません」「何とか努力します」と頭を下げるのみである。

こんな絶望的な立場の彼を支えたのが、十五歳年上の義兄の大友営業部長だった。義兄は毎日、工場に入り専門外の技術のことを勉強し、営業と工場の両面から必死になって高広社長を支え続けた。

倒産から再建へ

社長交代から十数年、巨額の負債と金利を抱えながら、一歩一歩再建への道を歩んでいたクリス精密にさらなる試練が押し寄せた。国内の需要減少に歯止めがかからず、同社の主要得意先が海外に需要を求め、次々と工場移転を決めた。

このさらなる売り上げの減少は、資金余裕のない同社にとって致命傷となった。クリス精密はついに和議を申請し、連帯保証人の高広社長も自己破産となった。

再建のため新会社を設立し、高広社長が復帰できるまでの間、義兄の大友営業部長が社長を務めることになった。

　責任感の強い義兄はまさに寝食を忘れるほど再建に没頭した。社員は十数人、設備は老朽化し、資金はない。あるのは長年の営業活動で築いた人脈と再建にかける情熱だけ。

　彼は新規開拓のため、提案書にすべてをかけた。見込み先を徹底的に分析し、そこに長所と改善点、そしてクリス精密のできることを五、六枚の便せんに、びっしり書き綴った。

　毎月毎月これを繰り返すうち、先方の専務や常務から「今月はまだ、大友レポートは来ないのか?」と言われるまでになった。

新たな試練

再建から五年、大友社長の鬼気迫るリーダーシップで、前途に光明が差しかかってきた矢先、また新たな試練が待ち受けていた。

　大友社長が人間ドックを勧められ受診したところ、「末期がんで余命いくばくもない」と宣告されたのだ。

　大友社長はこのことを高広君に告げないで、創業以来、自分たちを支え続けてくれた得意先や仕入れ先の人たちに、彼を同行して「自分同様、後任社長に就任したときは、よろしくお願いします」と頭を下げて回った。

この命をかけたバトンリレーの「熱い想い」は、高広君の胸にしっかりと受け継がれた。

それから七年、工場の入り口には、新しく赤と銀色に塗装された工場を見つめる、たくましく成長した高広社長の姿があった。

赤は鉄を溶かす炎、父親・義兄の燃える想い、銀は素材のステン、合金を表す。このコーポレートカラーを見るたび、小さくとも、しっかりした会社をつくる思いを新たにするのだった。

逆境の中の真実

地域活性化の星

みちのく材協同組合は地域経済の活性化のため、産学官金の叡智を集めてつくられた共同事業体だった。

一流の学者らによってつくられた生産工場は最新鋭の設備・機械が並び、モデル工場としての威容を誇っていた。だが厳しい経済環境を無視した机上のプランは、あまりにも現実から遊離していた。鳴り物入りで華々しくスタートした経営は、たちまち資金繰りに行き詰まってしまった。

過剰な設備と人員、在庫は「売れない、良品を作れない、払えない」の三重苦の中で経営の足かせとなった。産学官金のモデル事業として生まれた以上退くに退けず、理事長らの経営力不足もあり事業年度が進むほど赤字が垂れ流され、借入金も莫大な額になっていった。

難破船に引き込まれる

描いた理想と異なる現実に、創業時の出資メンバーが一人去り二人去りする中で、進退窮まった理事長らは新しい有能な経営者の迎え入れに奔走した。白羽の矢が立てられたのは一代で優良企業を育て上げた野山社長である。再三の説得にも頑として首を縦に振らなかったが、県や銀行の「地元の産業を何とか助けてほしい」という懇願に、ついに同意せざるを得なかった。

野山社長はまだ四十代半ば。父が始めた家業を自分の代で地域ナンバーワンの企業に育て上げた経営手腕は誰もが認めるところだった。加えて謙虚な中にも豪胆さと行動力を備えた明るく実直な性格は、関係する人たちに尊敬されていた。沈みゆく船に巻き込まれた野山社長の苦難の道のりはここから始まった。

新理事長として難破船の経営を任された野山理事長は、過剰設備や遊休資産を売却し理事らの報酬を返上するなど、合理化対策を次々と打っていった。同時に生産や営業の人材教育や業務の見直し、さらには革新的な新製品の開発などを推し進め、一年も経つと生産性が上がり赤字も止まるなど、目に見えて改革、改善の効果が現れてきた。これからいよいよ上昇気流に乗るというそのとき、信じられない事が起きた。

野山理事長に協同組合加入を懇願した大沼前理事長が県に理事退任届を出したのである。御身大事の敵前逃亡である。これを見て他の理事も次々と退任し、残った理事は三人だけとなった。莫大な借入と金利の重荷の中で、理事減による大幅な減資は致命傷となった。私財を投げ打ち組合を支えてきた野山理事長もついに万策尽き、会社再生法に託すことになった。

企業再生の道

「人は極限状態に立たされたとき、本当の姿が現われる」という。みちのく材協同組合を取り巻く人々にも、真実の姿が見えてきた。財務を見ていた著名な公認会計士は「倒産するようなところは支援できない」と即契約を解除し去っていった。売掛金の支払いから逃げ回る納品先経営者。いち早く退職届を出して姿を消した営業部長など。

こんな絶望的な状況でも支えようとする人もいた。「困ったときこそ支えが必要だ」と注文を出し続けてくれた得意先や支払い条件を緩和して供給し続けてくれた原材料業者。そして「給料をカットして資金の足しにしてください」という従業員たち。

「自分を犠牲にしてまで沈む船に乗るのは、経営者として失格だ」と批判する人もいる。だが野山理事長は経営者としてよりも、人間として如何《いか》に生きるべきかを選択したのだと思う。「倒産企業の四%しか再建への道を進むことができない」と言われる。この厳しい現実の中でみちのく材協同組合は、心ある人たちの支援を得て再建に向けた厳しい坂道を一歩一歩登り続けている。

大転換の人生航路

機関士から船頭へ

田中さんが個性的な生き方をしている中高年齢者として民放の三十分番組に取り上げられたのは昨年の二月だった。田中さんは以前、ＪＲで機関士をしていたが五十五歳になったある日、上司からこう告げられた。

「民間企業へ出向してほしい」。業務命令であればいやも応もない。長年勤めた古巣を後に、出向いたのが今の「大河ライン」である。

今まで機関車を相手にしてきたが、ここで命ぜられたのは船頭（ガイド）の仕事だ。まさに陸から川への大転換。田中さんは不安で不安でたまらなかった。しかし「こうなったらしかたがない」と腹をくくった。ここから田中さんの船頭航路の幕が上がった。

多彩な船頭の仕事

今まで接客体験のない田中さんにとって、お客さまと話をするだけでも重荷なのに、笑顔で名所を案内し、民謡を披露する。さらに操船の技術を学び、日ごとに変わる川の流れを読まなければならない。

一か月の基本研修後、先輩の船に乗り勉強を重ねる。そしていよいよ独り立ち。いったん船が出たら誰も頼る者はいない。子どもから高齢者、団体、外国人観光客まで幅広いお客さまを相手に一船、一船が真剣勝負。下手な接客をしようものなら、旅行代理店などから即クレームがつく。だが一生懸命やって喜ばれれば「楽しかったよ」「また来るネ」と言っていただける。これが何よりの〝ごほうび〟だ。人気が高まると指名が入る。こうなるとプロの船頭である。

中高年の希望の星

先輩に教えられ、鍛えられ、そして実戦の場でお客さまに叱られ、励まされてプロの船頭として育っていった。

昨年六十歳の定年を迎えたが働きぶりが認められ「身体の許す限り働いてほしい」と言われた。

いつも笑顔を絶やさず、お国言葉丸出しで「弁当ばかり食ってないで、景色も見ろや！」

などユーモアあふれるガイドぶりが人気を博しているが、船頭の仕事は接客だけではない。早朝の航路の点検、船や乗船場の整備、清掃など山ほどある。これらの仕事を率先して行う田中さんに、仲間たちの評判も良い。「田中さんの嫌な顔を見たことがない」と言われる。

テレビ放映後、「異なる職場への出向を敢然と受け入れた」「笑顔とユーモアが素晴らしい」「厳しい時代の中高年の星だ」という声が、番組始まって以来の最高数寄せられたという。

まさに「禍を転じて福となす」の好事例といえよう。今日も田中さんの屈託のない明るい笑顔が、お客さまに喜びを伝えていることだろう。

きっと良くなる

新米常務の船出

大学を卒業して神奈川の建設会社に入った二年目、藤井さんの元に一通の電報が届いた。

「チチ　キトク　スグカエレ」

これを境にのんびりとした生活が一変した。急死した父の後を継ぐため、奥州建設の常務に就任した藤井さんは、名ばかりの社長になった母に代わって、すべての仕事を引き継ぐことになった。父が築いた会社は、小さいながらも、地元業界を束ねるほどの影響力があった。

だが、やり手の創業社長がいなくなれば、ただの小さな建設会社にすぎない。古参の専務に連れられ、業界の集まりに挨拶に出向いた彼には、「素人の若僧に何ができるか」といった冷たい視線が、痛いほど伝わってきた。

先代がやり手だった反動もあり、敵対していた社長たちからは特に厳しい目が向けられた。「今があそこをぶっ潰すチャンスだ」と公言する社長もいたという。

対外的な危機の中で、社内も問題だらけだった。ワンマン社長が急に抜けた会社は、船頭のいない船のように漂流していた。専務や取締役などはいても、自ら引っぱって行こうとする幹部はいなかった。ただ工事部門だけは、工事部長がにらみをきかせてまとめており、これだけが救いだった。

厳しい現実

とにかく現場を知らなければならないと、朝一番でパトロールに出かけた。最初の現場に行くと、監督から「あんたは何も分からないんだから、現場のことには一切口を挟まないでくれ」とクギをさされた。次の現場では、全く無視され声も掛けられない。「顔を合せれば、何とかなるだろう」という思いは、初日でたたき壊された。予想以上に厳しい社員の対応に戸惑った藤井さんだったが、他に道はない。相手にされないと分かっていても、毎日建設現場に顔を出すしかなかった。

そんな窮地に、救いの手を差し伸べてくれたのが高校の先輩であり、結婚式場を経営している野口さんだった。自分が主宰している若手経営者の勉強会に誘い入れてくれた。藤井さんにとって、若手経営者の実践談は、ものすごく勉強になった。苦闘しながら経営に情熱を燃やしている仲間の存在は、大きな支えとなった。

野口さんは法人会などの集まりも紹介してくれ、人脈づくりを応援してくれた。周囲の冷たい対応は変わらなかったが、藤井さんはともかく毎日現場に顔を出し、社員に声を掛けていった。

熱いコーヒー

入社して半年経った、二月の雪の降る寒い日。いつものように現場巡回をしていると、「常務、お茶でも飲んで行かないか！」と工事部長の安藤さんが声を掛けてきた。日頃から無口で、近づき難い雰囲気の工事部長だったが、誘われるまま現場事務所に入って行った。真っ赤に燃えたストーブの前の椅子に座り、勧められた熱いコーヒーを飲むと、冷え切った身体が生き返るようだった。そのとき、ボソッと安藤さんが言った。

「常務も大変だな！　だけどいつかは良くなる。きっと良くなる」

厳しい顔つきの安藤さんの意外な一言に、思わず目頭が熱くなった。今までの苦しいこと、つらかったことが思い浮かぶとともに、心配してくれている人が身近にもいることに気づかされ、グッときたのだった。

その日を境に藤井さんの顔に明るさが戻り、一つひとつ改善の行動を重ねていった。苦しいこと、つらいことがあると「いつか良くなる。きっと良くなる」と自分に言い聞かせる藤井さんだった。何の変哲もない言葉だけど、藤井さんには最高の応援メッセージとして心に響いたのだった。

それから三十年、開放的な社風の会社をつくり、亡き父と同じように業界のまとめ役として、奮闘する藤井さんの姿があった。

過ちをくり返さない

創業のとき

橋本さんは二十九歳のとき、自分にでき、将来性もありそうと考え、クリーニング店経営の道を選んだ。決断すると、行動が速い。さっそく同業者に弟子入りして、洗い方や検品方法を学び、自宅に最低限の設備を備え、職人一人を雇って開業した。中古自転車を買い、毎日夜十時まで客先を回った。サドルでお尻がすれて血がにじんでも休めない。

走り回ったおかげで顧客は増え、七年目には工場新築のため土地を購入し、工事を始めた。ところが施工業者のずさんな工事で土盛りは崩れ、台風が来ると工場の屋根から雨が濁流の如く流れ落ち、工場が水浸しとなった。

どん底の生活

同じころ、信用していた人の借金の保証人になったが、滞納されて弁済に追われた。また会計事務所に勤めていた人に任せていた経理がずさんで、税務署から三年にさかのぼり追徴金を徴収された。

肉や魚も買えず、全くのどん底生活である。追い打ちをかけるように、手伝っていた弟が過労で入院し、妻も入院した。幼子三人を抱えた妻も、仕事と育児で限界だった。

一か月後、一度退院した妻が再び入院して手術を受けたが、一週間後に亡くなった。あまりのことに茫然《ぼう》となったが、幼子を抱えては倒れられない。「自分が弱気を起こしたらダメになる。子どもたちのためにも頑張るしかない。誰のせいでもなく、すべて自分の行いの責任だ。強気でいこう」と自分を叱咤《しった》した。

激闘の時代

どん底の生活から気をとり直し、営業を増強してエリアを広げた。さらに絨毯《じゅうたん》や皮革部門を設け、全国の同業者に教えを求めたことが、視野を広げ成長するための分岐点となった。またこの時期、店舗展開を強力に進める全国チェーンに加入し、営業から工場運営まで最先端のノウハウを学び、企業体質を刷新することができた。

これを契機に近県の同業者数社と親しくなり、なんでも教え励まし合う、終生変わらぬ関係を築けたのも大きな財産となった。

このようなとき、東京の大手が殴り込みをかけてきた。近くに工場を建て、橋本さんの店舗をひっくり返しにかかってきたのである。「弱気になったら終わりだ」と営業のホープを店舗開発に回し、守りと攻めに全力を尽くした。見込み先を回るたびに「あんたで今日は三人目よ」とか「五人目よ」と言われるほど、相手も大人数を投入して必死だ。

しかしこの時期、ライバルも店舗を増やしたが、こちらも負けずに店舗を増やしエリアを拡大することができた。食うか食われるかの最激戦の一年を経て、舞台は県庁所在地へと移った。ライバルが今度はそこに集中展開を図ったのである。「だいぶ痛めつけられたが、負けられない」と同地区への進出を決意。ただでさえ激戦区のところへ、またまた厳しい戦いが始まった。

戦いは厳しかったが新店舗と工場を展開でき、エリアは格段に広がった。同時に品質、価格、サービスを競い合ったことで、業界のレベルが上がり、顧客にプラスをもたらすことができた。

忘れてはいけないこと

創業時から、障害者の作業施設づくりを応援したり、次々と新設した工場周辺のまちづくりや地域ボランティアにも積極的に参加したりしてきた。

十年前、長男に社長を譲り、八十歳過ぎた今、公職も辞退するなかで、毎年欠かさず続けていることがある。どん底時代を支え、自ら犠牲になった先妻の墓参りである。自らを顧みず、夫と子どものために身を削った妻に、ただただ手を合わせる。「二度と同じ過ちを繰り返さないため、働く人とその家族を大切にする経営を心掛けたつもりだが、本当にこれで良かったのか」。亡き妻に語りかける橋本さんだった。

夢のバトン

夢を描く

「花や緑に包まれた雰囲気ある街づくり」こんな夢を実現したい。藤川さんが会社を起こしたのは農業高校を卒業し、家業の花き畑を継いで七、八年経った頃だった。

会社経営を何も分からない藤川さんを支えたのは、造園職人に弟子入りしていた次弟と、住宅会社の営業をしていた末弟だった。将来を考え、公共工事も必要と藤川さんが担当することになった。口下手で不器用な彼は「あいつでは、十年経っても注文は取れないな」

と同業者にバカにされ、役所でも「実績のないところに仕事は出せない」とケンもホロロ。だが彼は諦めなかった。雨の日も風の日も「藤川園の藤川です。よろしくお願いします」と役所に日参した。何の取り柄もない彼だったが、「こう」と決めたことへ粘る根性はすごかった。半年が経った頃、役所の担当者が根負けして「仕事を出すから、もう来ないでくれ」と入札に参加させてくれた。

小さな工事を丁寧に仕上げ、五年経つ頃には県の植栽工事を毎年受注するようになった。

不協和音

元々は仲の良い兄弟だったが、従業員が増え責任が重くなってくると、些細なことでも衝突することが多くなった。夢を追い続ける藤川さんは庭造りに飽き足らず、住宅リフォーム、新築、不動産と次々に新規事業を模索する。

「人も育っていないのに、まだその時期ではない」とその都度、末弟の浩三専務は猛反対。次弟の洋二常務は静観するだけ。経営会議で、二人の意見がいつもぶつかり先に進まない。営業会議でも議論に終始し、何も決まらない。

大事なことが何も決められず、売上も下降し出したある日の会議の席上、末席にいた藤川さんの長男、春俊君が立ち上がり、発言した。

「社長と専務が思っていることをぶつけ合うだけの会議なら社員はいらない。必要なのは、今何が大事で、どうしたら良いかを決めることではないですか」

この末席からの発言に、社長、専務とも「兄弟経営」に甘えのあったことを痛感させられた。これを契機に、対立から協力へと舵《かじ》が切られ、成長への軌道を歩み出すことができた。

社長交代

会社の規模が大きくなると、経営に必要な資金も増大する。景気拡大の波に乗り、体力以上に借入したところに、リーマン・ショックが襲い、売上は半減し、たちまち債務超過に陥った。金融機関は債務を減免する条件として、社長の交代とあらゆる不動産の売却を迫ってきた。若い世代に重荷は残せないと、藤川さんは役員からも身を引き、私財のすべてを借入の弁済に充てた。

この二年前に胃の全摘手術をしていた浩三専務が社長となり、再建の指揮を取ることになった。そして「三年後には春俊にバトンを渡す」と公言し、経験の足りない春俊君や若手社員の奮起を促した。同時にそれは、道半ばで退場を余儀なくされた前社長へのエールでもあった。

約束の三年が経った冬の寒い日、浩三社長は激務がたたり、帰らぬ人となった。今際《いまわ》の際に、後を託す春俊君に彼は告げた。

「お前のオヤジは、実務はからきしダメだった。だけど夢を描き、追い続ける純粋さと粘り強さだけは誰にも負けなかった。お前にも、その夢の実現には責任があるんだぞ」

若い春俊社長に託されたこの言葉は、彼の心にズシリと響き渡るものがあった。

父の背中は広かった

ドライバーから起業へ

「自動車がまだ、珍しかった一九五五年ごろは、タクシーのドライバーはステータスの高い職業だったんだよ」と戸山さんは言っていた。特に車好きの若者たちには、憧れの目で見られていたという。

戸山さんはタクシーが故障すると、自分で分解し修理していたが、やがて自動車整備士の資格をとり、タクシー会社を辞め自動車整備工場を始めた。街の外れだが交通の要所に八百坪の土地を借り、工場と続きの自宅を建てることにした。開業資金がなかったので古い建材を買い、大工さんに手伝ってもらって自分で建てた。工場の機械も中古品を買って、必要なところは自分で修理、改造して使えるようにした。仕事は整備だけでなく、車両販売や自動車保険も扱い、やがてカーリースも始めるようになった。奥さんに経理と保険を任せ、自分は整備と販売に専念し、忙しくなると従業員を一人、二人と増やしていった。

いつでも、どこへでも

お客さまと車が動いている限り、県外でも夜中でも仕事は入ってきた。「パンクしたので直してほしい」「エンジンがかからないので見てほしい」「事故を起こしたので立ち会ってほしい」。お客さまからだけでなく、警察や役所からも出動要請があった。レッカー車を持ち、機動力があったので何でも頼まれた。従業員は定休も就業時間も決められていたが、戸山さんはお客さまが休む盆と正月以外は休みなしだ。

パトカーより早く来る

戸山さんはいつも背筋をピンと伸ばし、工場では大きな声でテキパキと指示を飛ばしていた。いつも元気いっぱいで冗談を言い、疲れた顔や態度を見せたことがなかった。

そんな父親の背中を見ていた長男の洋一君は、高専の自動車科を卒業後は仙台の大手ディーラーの整備士として勤務した。三年の修業を終え父の会社に入ったときには従業員も十人程度になり、地方の整備業としては大きな方だった。仕事は相変わらず忙しく、スピードを信条としていた会社はお客さま内で、「戸山自動車は事故のときパトカーより早く来てくれる」と言われるほどになっていた。

小柄だがガッチリとして姿勢がよく、頑健だった戸山さんもさすがに年には勝てず、八十六歳の天寿を全うした。

父との思い出

そのころ、上背もあり父親似でガッチリした体形の洋一君は、働き盛りの五十代になっていた。忙しい合間に、ふと父と二人でやった仕事のことを思い出す。それは台風の吹き荒れる日のこと。夜十時ごろ電話が入った。「鳴瀬川が氾濫し橋の手前で脱輪し、川に落ちそうになっている。妻が産気づき病院に向かう途中です」と。切羽詰まった若い夫の声に、洋一君は出動しながら救急車を要請した。

洋一君がレッカー車を、戸山さんがジープを運転して現場に急行した。やがて車のライトの向こうに、川に向かって半分傾いている車を発見。このままだと川に転落しかねない状況だ。車のタイヤの後ろにスノコ板を敷き、車にクレーンのロープを掛け、さらに補助のロープも回してゆっくりと車を道路に引き上げた。おなかの痛みと事故で動転している奥さんを、救急車に乗せ終わった頃には日付が変わっていた。

後日、かわいい女の赤ちゃんを抱いた女性がお礼に見え、その笑顔を見たとき、この仕事をしていて良かったとしみじみと思った。

高速道路でのパンク救助、猛吹雪の山道で立ち往生したトラックの救助など、父と出動した日々が懐かしく思い出された。

「車が好き、車の仕事が好き、そんな車一筋に没頭していた父の人生は幸せだったな」と、父との思い出に心が温かくなる洋一君だった。

第二章　今月の言葉
——三十六年贈り続けた言葉——

ニユークリエイトマネジメントを創業した一九八八年四月から、亀岡睿一が毎月二十五日に発信した「今月の言葉」を私が二〇一一年に引き継ぎました。折々に関心を持たれていることなどをテーマに書き綴り、今年、二〇二四年三月で四百三十号となりました。この章では、私が書き継いだ中から六話を掲載しました。

求められるのはスピードある行動力

経営はスピードが命

ある企業グループの創業者に手紙を書いたところ、間髪を入れず返信の電話が入った。高齢ですでに後継者に後を託し第一線を退いているにも関わらず、いつもながらのその行動の早さには頭の下がる思いがする。

もう三十年以上も前、経営コンサルタントの世界に入ったころ、先輩から教えられたことがある。そのころは今のようなメガバンクが誕生する前のことであり、富士や住友、第一勧業など都市銀行が隆盛のころである。先輩いわく「例えば都銀が一日で決裁するとしたら、地方のトップ行クラスで一週間、その他第二地銀以降では一か月以上かかる。銀行の代わりに大企業、中堅企業、中小企業と置き換えると企業間のスピード感覚が分かる」と。

事業経営はスピードが命ということを、銀行を例えに話してくれたわけである。もちろん話を分かりやすくするための例であり、中小企業でもスピード感あふれる経営をしているところもあれば、大企業でも意思決定が遅く、フラフラしているところもある。

いずれにしてもトップがスピード感覚を持って物事を処理していけば、経営幹部にもそれが伝わり、やがて末端まで浸透して企業体質となっていく。お客さまの声が直ちにトップに伝わり、間髪を入れず必要な対応がとられていく。まさに「打てば響く」理想の経営に近づいていくのである。

一本の礼状

東日本大震災と原発事故以来、人と人との絆を求めて小学校や中学校のクラス会や同窓会が以前より頻繁に行われるようになったようだと言われる。私自身も今夏、何十年ぶりで北海道での高校同期会、中学クラス会に出席した。

わざわざクラス会を開いてくれた感謝の思いもあり、集合写真を撮り引き延ばした写真に手紙を添えて三十名近い参加者に送った。折り返し手紙やハガキなどの礼状が届いた。中にはメールでのお礼もあった。メールよりも手紙やハガキの礼状がより心に響いた。それでも返信があったのは、半数くらいである。返信を期待していたわけではないが、全く音沙汰がないのも寂しいものである。

とはいう私自身も、今までを振り返れば、電話や文書、メールへの返信の遅れなど反省させられることが多々ある。思い出深いクラス会が、人と人とを結ぶ「通信」の大事さを教えてくれたようだ。

一流の行動力

大手総合商社丸紅のトップ朝田照男氏がアメリカの穀物大手ガビロンを二千八百億円で

買収したとき、「例え戦略は一・五流でも、行動が一流であれば穀物世界一位という頂点を狙える」というような話をしていたのが印象的だった。

朝田社長は総合商社には珍らしく財務部門の出身である。財務の商品は会社そのものといって、行動する財務部に変身させた手腕が前社長の目に留まり抜擢された。前社長いわく「営業経験はないが、営業センスはある」と。

朝田社長の言葉は中小企業の経営の要諦を一言で表しているといえよう。中小企業には、大手や中堅企業のような優れた頭脳集団はないけれど、準備段取りを充分に行い、小回りを効かせたスピードある行動力がある。

この武器を研ぎ澄ますことが自社の価値を引き出し、勝ち残らせてくれる。

日本の古くからのことわざに「今日の一針、明日の十針」というのがある。気が付いたそのときに手をかけておけば一針で済むものが、放っておくとそのほころびが広がり、十針も手をかけなければならないようになるという教えである。

お客さまへのたった一言のフォローが遅れ、キャンセルを受けてしまう。叱りつけた社員へのフォローアップの一言を怠ったために、将来性のある人材が去ってしまう。まさにちょっとの一言、ちょっとの一歩の素早い対応、スピードある行動が事態の明暗を分けてしまう。
来年は、「もう一歩の、もう一言の素早い対応」を合言葉に躍進したいものである。
（二〇一一年十二月二十五日）

寒風に立つ

新年おめでとうございます。今年は午年ということで、馬にちなんだ祭りや行事に注目が集まり、例年より盛り上がりを見せることでしょう。

東北独自の馬にまつわる祭りも各県で数多く行われ、中でも岩手の「チャグチャグ馬コ」や、つがる市の「馬市まつり」などは地域を代表する祭りとして大きなにぎわいを見せています。

このような祭りや行事に登場する馬たちを見ていると、馬が長年私たちのパートナーとして私たちの働きを助け、生活を支えるかけがえのない存在であったことがよく分かります。

馬にまつわることわざ

生活に慣れ親しんだパートナーだからこそ、馬にまつわるさまざまなことわざが言い伝えられています。経営に役立つことわざを、海外も含めていくつか取り上げてみましょう。

・人間万事塞翁《さいおう》が馬
馬にちなむことわざの中でも昔から耳にすることが多い。良いことが悪い結果を生んだり、悪い事態が良い結果を生んだりすることがあり、人の幸、不幸は予測できないことをいう。

・馬には乗ってみよ、人には添うてみよ
何でも実際に体験したり、接してみたりしなければ本当のところは分からない。進んで事に当たることの大切さを教えている。

・老いたる馬は路を忘れず
山中で道に迷ってしまったとき、長年連れ添ってきた老馬が行くべき路を探し当ててくれた。経験豊かな人を活かすことも大事なこと。

・癖《くせ》ある馬に能あり

優れた馬には癖のあることが多い。人間も外見や短所で判断して、才能ある人を埋もれさせてはいけない。

・牛も千里、馬も千里

巧いか巧くないか、早いか遅いかの違いはあっても、行きつくところは皆同じである。周りの動きに惑わされ、慌てることはない。信念を持って我が道を行くことが大切。

欧米のことわざにも考えさせられるものが多い。

・自分で進む馬に拍車は無用

やる気になっているときに、ああしろ、こうしろと口を出すのは逆効果、本人のやる気を活かす手綱さばきが求められる。

・流れを渡っている間は、馬を乗り換えるな

いったんことが動き出してから変更するのは間違いのもと。流れを見守る度量の大きさも必要。

・どの馬も自分の荷が一番重いと思っている

意欲的でない人ほど、与えられた仕事を多めに評価する。仕事を分担するときは周り

の人の仕事量も分かるようにすると良い。

・俊馬もつまずく
良い仕事をする人でも、時には単純なミスをすることがある。そんなとき、何事もなかったかのように受け入れる心の広さが大切。

・馬を水際まで連れて行くことはできるが、水を飲ませることはできない
何でも思いどおりになるものではない。特に人の上に立つ人は相手をよく理解し、辛抱強く接することが必要。

・子馬の朝駆け
朝のうちに元気を出し過ぎて後でぐったりすること。

・遠くまで行こうとする者は馬を大切にする
目的を実現しようとする人は、準備段取りをしっかりする。また何事かを成し遂げようとする人は、周囲の人をも動かす心配りが大切なことを言っている。

本州最果ての地

厳しい冬に馬のことを考えると、本州最北端の地に想いがいく。そこ尻屋崎は青森県む

つ市からバスで一時間のところである。むつ市や大間までは行ったことがあるが、そこはまだ訪れたことがない。一度行ってみたいところである。

寒立馬

尻屋崎の草原台地には年間を通して馬が放牧され、本州最果ての厳しい自然に耐えて生きている。この馬を寒立馬《かんだちめ》という。一九七〇年、当時の尻屋崎小中学校校長岩佐勉さんは尻屋崎の厳しい自然にたくましく生きる放牧馬を短歌に詠んだ。以来、この放牧馬は寒立馬と呼ばれるようになったという。

この地はかつての南部藩の時代から放牧地として田名部馬《たなぶうま》が放牧されてきた。小柄で寒気と粗食に耐え持久力に富み、明治、大正、昭和と軍用馬とするためにモンゴルやロシアなど外来種との交配で改良されてきた。

写真などで見ると、普段見慣れている競走馬などとはまったく違っている。ずんぐりと太く短い首、発達したアゴ骨、大きく張り出した腹、低い背丈に不釣合いなほど太い足、大きな蹄《ひづめ》。

その形には通年の放牧を通して気候風土に順応してきた馬の姿が現れている。

尻屋崎は土壌が石炭岩質だったことから放牧地に選ばれたという。この土壌に生える草を食べた馬は骨太で、特に蹄が堅固になるといわれる。太平洋に突き出た岬は風が強いため、冬でも雪が積もりにくく、通年放牧が可能だった。

尻屋崎周辺は、冬期間は閉鎖されるため、松林に囲まれたアタカと呼ばれる放牧地で過ごす。

厳冬にたくましく生きる

厳冬、本州最北の地で、たてがみから背中に真っ白に雪を被い立ち尽くす寒立馬の姿は、見る者の心をとらえて放さない。寒さと粗食に耐え、立ち尽くす姿は私たちに何事かを訴えているかのようだ。電気代が上がり燃料費も高騰し、中小企業にとって環境の厳しさは増している。だが、ことわざにもあるように、周りの動きに惑わされ、慌てることはない。「老いたる馬」ではないが、これまで培ってきた豊かな経験を活用し、道を切り拓く知恵と勇気を今こそ発揮すべきときなのだ。寒立馬に負けてはいられない。

（二〇一四年一月二十五日）

人への投資

近所の老舗の寿司屋が前月再開店した。震災時の原発事故で近海の魚が敬遠され、寿司屋が次々と閉店していった。その老舗の寿司屋も事故後一年ほど頑張っていたが閉店。今回再び開店にこぎつけたのだ。

高齢化が進み、健康な体づくりには魚料理が欠かせないとよくいわれる。だが、その割には魚の消費は進まず、漁業白書によれば日本の漁業生産高も消費高も長期低落傾向が続いているという。

海洋国家ノルウェーの躍進

そういえば、それを裏付けるように民放のドキュメンタリー番組「ガイアの夜明け」で「水産王国ニッポン　復活の道は？」という特集が取り上げられた。もう十年も前の放映だったがこの番組を見てノルウェーと日本の漁業環境のあまりの違いに愕然とした記憶が今でも鮮明に残っている。そのいくつかを私の言葉でまとめてみた。

・生産性が高い
ノルウェーなどヨーロッパの大型船は数人で動かす。日本の大型船は百人近く乗っているところもあり、全く勝負にならない。生産性が高いため漁船乗組員は平均労働者の倍くらいの収入があり、多くの若者が希望する就職先になっている。
・先端機器の使用
コンピューター制御で三次元の映像を結ぶ魚群探知機や、トロール網を細かくコントロールする機器などが漁船に搭載されており、高効率な活動が推進されている。
・先端をいく漁業政策
ノルウェーでは国や業界が一丸となって、漁場の資源管理やマーケティングに力を入れ、最も成功している漁業国の一つとなっている。
・組織経営
日本では九十％以上が個人単位の旧型の漁船、最新型は会社単位の組合がわずか買っているだけ。ノルウェーやＥＵでは会社や組合などの組織経営が主体であり、経営の合理化が進みやすい。また、日本では漁業協同組合の壁が民間参入を妨げており、家族単位の小型船での漁業が中心となっている。

・構造改革への投資

日本の補助金は非効率的な現状の漁業を維持するためのバラまき。ノルウェーやＥＵの補助金は、長期的な漁業の構造改善のための費用として活用される。

世界中で漁場を開発してきたのは日本であり、魚群探知機を発明したのも日本の企業である。かつては漁業大国「日本」として世界の先頭を走っていた。それが今では人口五百万人足らずのノルウェーに、革新性の度合いで大きく水を開けられている現状である。さらにノルウェーに学ぶべき点がある。

人への投資の高さ

ノルウェーの漁業のもう一つの特長は、人への投資がズバ抜けて高いことにある。

・快適な職場環境の提供

漁船に乗り込む船員のすべてに個室が与えられている。プライベートタイムをゆっくり過ごせるようにという配慮である。さらに船内にトレーニングジムがある。ほとんどの作業が自動化されているので、乗組員は運動不足で「体がなまる」というから、日本の漁船とは異次元の世界である。

・休暇日数の多さ
船員の休暇日数を比べると、日本では航海日数の半分弱であるのに対し、ノルウェーや欧米の船員は航海日数分が休暇に当てられるという。日本の倍の休暇日数である。

・漁業のイメージの高さ
漁業といえば３Ｋの危険な肉体労働のイメージのある日本とは雲泥の差がある。大学を卒業して漁師になる、それがノルウェーの漁業である。

塩釜港に寄港したノルウェーの漁船を見学した日本の漁師たちは「まるでホテルのようだ」とため息をつく。国と業界をあげての努力がこの格差をもたらしたといえるだろう。

人を大切にする経営

ここで紹介した報道番組は十年以上前に製作されたものである。だが十年経った今もノルウェーとの格差は縮まっておらず、さらに拡大したと言えるのではないだろうか。日本の漁業は衰退産業の一つとして捉えられ、世界での存在感もますます後退している。かたやノルウェーはヨーロッパで最も多角的な経営を行う海洋国家であり、世界でも有数の水産国家となっている。

国や漁業のあり方は別として、私たちが学ぶべきことは人を大切にする経営ではないだろうか。日本の経営は物や金は大事にするが、人を大切にしていない企業がまだまだ見受けられる。ブラック企業や最近の外食産業での人手不足による閉店など、人への投資をないがしろにしてきたツケが今大きくなっている気がしてならない。改めて自社の人対策を根本から考えてみる好機だと思うのである。

（二〇一四年七月二十五日）

意外性の発見

人気のバロメーター

十数年ぶりの日本人横綱、稀勢の里の誕生で、大相撲の人気に火が付いている。稀勢の里が初めて横綱として臨む三月の大阪場所は、十五日間の指定席が発売後すぐ完売となった。当日券も前日から並んでようやく手に入るフィーバーぶりだ。

サッカーや野球などのスポーツに限らず、ラーメン店やレストランなど〝行列ができる店〟は人気を物語るバロメーターとして、さらに集客を図る効果を持っている。

マルカン大食堂

先日、再開店後の「マルカン大食堂」に行ってみた。

平日の昼前ならそんなに混まないだろうと一階のエレベーター前に行くと、「現在十五分待ちです」とボードに大きく掲示されていた。六階でエレベーターを降りると行列が階段を下りて五階フロアまで続いている。

この大食堂は、花巻の商店街の中心にあるマルカン百貨店の六階にある。マルカン百貨店は四十三年の歴史がある老舗百貨店として、衰退する中心商店街の中で健闘していたが、建物の老朽化と耐震補強工事に莫大な費用が掛かるため続行を断念し、昨年六月に閉店した。

マルカン百貨店の閉店が新聞やテレビで報道されると、市民の間から「せめて大食堂だけでも続けてほしい」との声が上がり、存続運動が起こされた。地元の青年経営者らが中心になり、大食堂存続のための募金活動などが行われると、これが全国ニュースとなって大きく関心を寄せられるようになった。今は全国的に姿を消しつつあるデパート上階の大食堂が閉店の危機にあるというニュースの中で、マルカン大食堂の特色が紹介されていた。

五百席以上ある、まさに大食堂。入口の両側には大型のショーケースがあり、その中には数え切れないほどのメニューサンプルが並んでいる。種類も豊富だが値段も安価で、しかもおいしく、老若男女誰でも安心して食べることができる。

ウェイトレスは黒いワンピースに白いエプロンとカチューシャを付けた昔ながらのウェイトレス姿で広い客席の間をスピーディーに動き回っている。全体に醸し出す〝レトロな雰囲気〟が落ち着きと安心感をもたらしてくれる。

このニュースが県外客の増加をもたらし、大食堂存続への援軍にもなったのではないだろうか。

大食堂再開

子どもたちにとっては、「部活帰りに友だちと食べたあのラーメンの味が忘れられない」「家族皆で食べたナポリカツや、二十五センチもあって百八十円と安価な名物ソフトクリームを、早く大人になって一人で一個食べたかった」といった思い出の詰まった大食堂を存続してほしいという声が日に日に高まっていった。ついに地元の青年経営者らが存続企業体として再開にこぎ着けることができた。

今年の二月二十日、一階を地元商品の販売コーナーとして、六階を「マルカンビル大食堂」として七か月ぶりにオープンした。私も三月に入って訪れてみたが、前よりお客さまの数が増え、にぎわいを感じた以外は以前と変わらない「大食堂」があった。並びながらショーケースのメニューを眺め、受付で食券を買い求め、好きなところに座る。六階から眺める街並みと、遠く街を囲む山並みは一幅の絵のように迫ってくる。クッションの良い椅子に座るとウェイトレスが食券を取りに来る。そしてセルフサービスで好きなお茶を選び席に座って待つ。セルフサービスのお茶が他の店のように機械的に感じず、当たり前に思ってしまうのが不思議だ。

周りを眺めると食後ほとんどの人が名物の特大ソフトクリームを、割り箸で挟んで食べている。誰もがおっとりと幸せそうな顔をして食べている。衰退する商店街の中で、人気の観光名所を守ろうと立ち上がった人たちの熱意と実行力に頭の下がる思いがした。

意外性の発見

行列のできる店やスポットにはそれぞれ理由があると思うが、「意外性の発見」というのも大きな要素ではないだろうか。これをマルカン大食堂に初めて来るお客さまに当てはめてみると、次のようなことが考えられる。

一、六階のエレベーターの扉が開くと、目の前に大きなメニューケースが飛び込んで来る。

二、食券を買い求め、改めて食堂を見渡すと、五百席を超えるテーブルと椅子が並んでいる。
三、席に着くと黒いワンピースに白いエプロンとカチューシャを付けたレトロな感じのウェイトレスが食券をちぎりに来る（いつも混んでいるので、厨房服の人たちが応援している）。
四、窓は二面、大きなガラス窓になっていて、雄大な山並みが眺められる。
五、数え切れないほどのメニューがあり、盛りが多く、安く、そしておいしい。
六、百八十円の巨大なソフトクリームを割り箸で食べている。
いつも何百人というお客さまが食事を楽しんでいる。


どこの地方都市も人口減に直面し、商店街はシャッター通りと化し、通りを歩く人も少なくなっている。かつては岩手県でも有数の都市だった花巻も例外ではない。

「マルカン大食堂」を紹介してくれた人が言った言葉が忘れられない。

「ここに来ると、いったいどこからこんなに大勢の人が集まってくるのだろうと思う。そして不思議と知っている人に会うことがないんですよ」

人気のある店や旅館、スポットは「いつものモノ（コト）を、いつものように提供してくれる」ことを期待されている。反面、思った以上、考えた以上のコト（モノ）が展開されたり、提供されたりすることも大切な要素ではないかと「マルカン大食堂」を体験して感じたものである。

（二〇一七年三月二十五日）

二刀流

チャレンジャー大谷

アメリカメジャーリーグ、大谷翔平の勢いが止まらない。

六月十七日は投打同時出場で三勝目を挙げ、オールスター戦前日の本塁打競争に日本人初の参加が決まった十八日は、左右にアーチをかけて存在を強烈にアピールした。二十日は、三試合連続本塁打となる二十三号２ランで自己最多記録を更新し、リーグトップに並んだ。全米でも大谷の「二刀流」が注目されているようだ。

一九二七年、六十本塁打を打ち、生涯七百十四本を記録したベーブ・ルースは、野球を最高の人気スポーツにした最大の功労者として、「野球の神様」と言われている。約百年前の一九一八年、ピッチャーで二桁勝利と二桁本塁打を同一シーズンに記録したベーブ・ルースに並ぶことができるか、大谷の投打の活躍が期待されている。

この大谷の活躍に、三度三冠王を獲得した不滅の大打者、落合博満が次のようなコメントをしている。

「(大谷が求めているのは)「野球の原点」でしょう。要するに、昔で言えば野球の一番うまいのがピッチャーであり、四番バッターだったという、その覚悟があるだけに今、自分がそれを実践してやっているようなものじゃないですか」(NHKクローズアップ現代「大谷翔平驚異の進化の舞台裏」(二〇二一年六月十五日))

最高の水準に達した落合らしいユニークで本質をつくコメントだと思う。

元祖二刀流

二刀流と言えば、やはり宮本武蔵だ。播磨の国、今の兵庫県で生まれ、十三歳で初めて剣を持って戦い、勝利したという。以来、京の吉岡道場を始め、全国の数多くの名高い剣豪に打ち勝ち、最後は巌流島で佐々木小次郎と対峙した。小次郎の長剣に対し、船の櫓《ろ》を削って作った木刀で、小次郎を打ち倒した。

その後、二十九歳で「剣を極めた」と思い至り、以降勝負することはなかったと言う。サムライは腰にさす大小二刀を自在に使うことが大事と、二刀流を編み出した。一刀を片手で操るには相当の腕力が必要で、武蔵は強力の人だったそうだ。五十九歳で熊本の金峰山の洞にこもり、二年を費やして『五輪書』を書き上げた。『五輪書』は現在に至り広く読まれ、名著と言われている。

文武両道

六月は高総体も終わり、今まで部活に励んでいた高校三年生が、一斉に大学受験の勉強に集中する。部活に時間を取られ、今まで勉強できなかった彼ら彼女らの体力と根性は、先に走っていた部活をしないで勉強一筋だった生徒には脅威的である。

この文武両道で世間の耳目を集めたのが、ラグビーの福岡堅樹だ。一昨年、日本で行われたラグビーのワールドカップで、俊足と巧みなフットワークでトライを量産し、日本のベスト８に貢献した。今年のラグビートップリーグで引退し、医学の道に進むと宣言した。彼の活躍もあってパナソニックは優勝し、有終の美を飾った。

ＮＨＫのドキュメンタリー番組で「文武両道」に励む彼の姿が映し出された。群馬の合宿所から二時間かけて都心の予備校に通い、長時間勉強して合宿所に戻る。一週間に三回予備校に通うというハードワークだ。高校の現役と一浪時代、二度受験に失敗（ラグビーもできる筑波大医学系という高いレベルを目指した）。筑波大情報学系に進学し、一年次、日本代表に選ばれる。

医師の家系に育った彼は、高校二年のときに両ひざに大けがをして一度は「花園」行きが危ぶまれたが、医師の的確な処方で出場することができた。このことが医師への道を決定づけることになった。「自分の選択で、常に人生を生きていきたい」という強い思いが「文武両道」を成功させたのだと思う。

ビジネス界の二刀流

ビジネス界にも二刀流の名人はいる。

ソニーの大賀典雄元会長だ。「ソニー第二の男」と呼ばれ、ソニーの黄金時代を築いた名経営者である。

彼が東京芸大の学生だったとき、当時発売されたばかりのテープレコーダーについて意見を言ったことで、創業者の井深大と盛田昭夫に見込まれた。いったんは声楽家としてプロになりながら、ソニーに入社。初めはビジネスと声楽の二刀流を実践していたが、やがてビジネスに重点を置くようになった。

長身の堂々たる体躯《たいく》、太く通る声、ドイツ留学で養われた国際感覚、自信に満ちた態度で海外の巨大企業と対等に渡り合い、世界のソニーに成長するために欠かせない存在となった。

一九八二年から十三年間、社長として「ＳＯＮＹ」というブランドを確立、ＣＤによって世界にデジタル時代の幕明けを告げた。映画やゲーム産業にも進出、現在のソニーの礎を築き、ソニー中興の祖と言われる。彼は自分がソニーに入って得をしたのはソニーで、自分は声楽家としての名声を確立する代わりに、芸術面からソニーの製品に磨きをかけた。それによりソニーのブランドが確立されたのだという主旨のことを話していた。こう言い切れる経営者はどれくらいいるだろうか。

売上一兆円を四兆円に引き上げたという業績貢献度も大きいが、ＳＯＮＹブランドを確立させせた実績はより大きく評価されるだろう。

一つの分野を極めるのさえ容易ではないのに、二つの分野で実績を残すのは並大抵の努力ではなし得ない。大賀さんは現役時代、夜中に二時間起きて勉強し、四時ごろまた就寝するという生活を続けたという。二刀流の人たちは、常人には考えられない努力を積み重ねているのだろう。

私たちも、その努力の何分の一かでも積み上げていきたいものである。

（二〇二一年六月二十五日）

真のリーダーを得て結実する

今、あるものを活かす

東京オリンピック・パラリンピックの競技者たちは、沢山の感動を与えてくれた。勝者であっても敗者であっても、そこから数多くの物語を伝えてくれた。特にパラリンピックの競技者たちは、今ある思考力、身体能力を限界まで引き出し、人間の心と身体の強さ、深さを、私たちに教えてくれた。

ボールを足の指で挟んでトスを上げ、口にくわえたラケットで打つ卓球。車いすに乗り、腕の力と胸や背筋だけで闘うバスケットボール、ラグビー、テニス。視力に障害を抱えても伴走者と走るマラソン、音と声をたよりにプレーするサッカー、視覚、運動、知的の障害のクラス毎に競う競泳。このような競技者の活躍を見ていると、自らの日常の甘さ、怠惰さが、恥ずかしくなってくる。健常者は、どこか一か所病んだだけで痛みに苦しみ、全身のバランスを欠いて不調になったりする。

ところが、彼ら彼女らは、先天性であったり事故や病気で障害を負い、不自由な日常生活の中で競技を続けている。慢性的な不調や痛みに耐えながら自らの限界に挑戦する姿は、見る者に「人間の崇高さと、可能性の無限さ」を教えてくれる。問題多発の東京オリンピック・パラリンピックだったが、競技者やそれをサポートする人たちから、さまざまなことを考えさせられ、学ばせられた。今回は、競技を支えた多くの人たちの中から、自らのチームの力を最大限に引き出した二人のリーダーの生きざまに焦点を当ててみた。

トム・ホーバス

日本の女子バスケットボールは、バレーボールやソフトボールに比べ、マイナーな競技だった。それが今回の大会で一躍注目を集めた。その原動力となったのが、アメリカ人ヘッドコーチ、トム・ホーバスだ。五歳でバスケットボールを始め、大学卒業後まで続けたが芽が出ず、ポルトガルのチームにいるときに、日本リーグのトヨタから声が掛かり、一九九〇年に来日。当時は実業団チームだったので、会社員として満員電車で通勤し、オフィスワークも経験したという。一年目から四季連続得点王に輝き、それが評価され、NBAアトランタ・ホークスと契約した。出場した試合はわずかだったが、憧れのNBA選手となり「日本のバスケ界には感謝しかない」というようなことを語っている。その後、アメリカや日本でプレーした。

引退後はアメリカに戻って実業界に入り、IT関連の副社長などを体験した。だが、バスケットボールへの思いが断ち切れないでいたとき、日本から指導者としての誘いがあり、再び来日し、Wリーグのチームのコーチをした。二〇一四年、代表チームのアシスタントコーチを経て、二〇一七年、ヘッドコーチに就任する。

そのとき決めたことが、「通訳を介せず、自分の言葉で直接伝える」ということだった。選手への指導や報道陣への受け答えも、日本語で対応するということである。「多少の間違いはあっても、自分の言葉で伝える方が、インパクトがある」と言う。日本語を学校で学んだことはないが、妻は日本人でもあり、自然に身についた。ただ繊細な表現が苦手で、どうしてもストレートな言い方になりがちだった。ヘッドコーチに就任した二〇一七年以降、表現の幅を増やそうと、スマホに日本語学習アプリを入れ、自宅でも教本を開いて勉強した。代表合宿中は、選手と一対一で話す時間を増やすようにした。

「身長の低い日本が勝つには、スピード、四十分間走り続けなければならない」と、どのチームにも走り負けない圧倒的な走力強化を図った。加えて組織力を磨くため、攻撃のフォーメーションだけでも、数十通りつくり、実践させた。プレーの約束事を書いた紙を体育館の壁に貼り広げ、まるで受験勉強のようだった時期もあったという。

アジアカップ四連覇、強化試合でも欧州の強豪から勝利を挙げられるようになって迎えた東京オリンピック。初戦は、世界ランク五位の格上フランスに七四対七〇で競り勝ち、準々決勝ベルギー戦では、残り十六秒スリーポイントシュートで逆転勝ちした。決勝では、六連覇中のアメリカに七五対九〇で敗れたが、堂々の銀メダルを獲得した。

磨き上げたスリーポイントシュートを決めていく日本チームの活躍もあり、女子バスケットボールの注目度は飛躍的に上がり、バスケットボール最終日の決勝は男子から女子へ変更されたほどだった。

井上康生

二〇一二年ロンドン大会後、「柔道界を立て直せる人材」として、男子代表監督に就任した。選手として井上が最も輝いたのは二〇〇〇年のシドニー大会。金メダルを獲得した井上は、前年急死した母の遺影を表彰台で掲げ、感動を呼んだ。連覇を期待されて臨んだ二〇〇四年アテネの準々決勝で、まさかの一本負け、二〇〇八年は、全日本で敗れ、代表権を失い引退する。その年、指導者海外研修員としてスコットランドに二年間派遣され、見聞を広めた。

監督就任後、選手たちに「スポーツ界を代表する存在になってほしい」と自覚を促し、移動中のスーツ着用を義務づけ、ヒゲを禁止した。代表合宿では茶道、書道に触れる機会を設け、スポーツ観戦や他競技の体験、交流を積極的に推進した。二〇一四年リオ大会では、全階級でメダル獲得と復活したが、「各階級とも一極ではダメ、層を厚くさせ、選手に火をつけていく」と宣言。「国際大会より、国内で勝ち残るほうが難しい」と選手たちに言わしめたほどだった。

東京大会では、七階級で金メダル五つと結実した。彼は厳しいだけでなく、選手の気持ちに寄り添える温かみのある指導者だった。一〇〇キロ超級の準決勝で、原沢が敗れた後のコメントが、彼の指導者としての姿勢をすべて物語っている。「一〇〇キロ超級の頂点を目指してやってきたが、私自身の力不足。非常に残念に思う。原沢は全力で闘っての結果だ。日本柔道界は真摯に受け止めていく。一人ひとりがよく頑張ってくれた」混合団体決勝後、選手らの手で胴上げされ「これほどの幸せ者はいない」と感涙にむせんだ。

井上康生とトム・ホーバスに共通することがある。それは、栄光とともに大きな挫折を体験し、そこから立ち上がってきたということ。そしてもう一つは、本気になって選手たちを厳しく温かく育てたということ。選手たちの「誰よりも、選手たちの力を信じてくれた」「井上監督のもとで、連覇をできた。これが柔道人生で一番の誇りです」というような言葉がそれを物語っている。

（二〇二一年九月二十五日）

おわりに

最後までお読みいただきありがとうございました。企業経営に携わる者の「熱く燃える想い」、感じ取っていただけましたでしょうか。

経営コンサルタントは決して華やかではなく、泥くさく地べたをはうような仕事です。成果が上がらなければ即契約を解除される、なんの保証もない仕事です。当然、コンサルタントを採用する経営者も、どんなコンサルタントを採用するか、真剣な上にも真剣に考え契約を結びます。まさに真剣と真剣が切り結ばれる勝負の世界です。

「成果が上がれば経営者の手腕、上がらなければコンサルタントの責任」。この覚悟がなければ経営コンサルタントは務まりません。決して表舞台に立つことのない、舞台回しの黒子です。ですが成果が得られれば、経営者とともにその果実を味わう、何事にも代え難い喜びです。当社は幸運にも素晴らしい経営者の方々と出会い、長年お手伝いさせていただくことが多いのが特徴です。その中で生まれるのは単に信頼関係とはいえない、同志的な結びつきです。これをベースに「熱く燃える想い」の構築が行われます。

どの経営者も社員も、働きがいのあるよい会社をつくりたいと思っています。だが実際は仕事に夢が持てず、やりがいのない毎日を過ごしている社員があまりにも多いのです。アメリカの世論調査会社ギャラップ社が公表した、日本企業の中で「熱意あふれる社員は六%しかいない」という報道は、日本の企業にショックを与えました。アメリカの三十二%に比べ大幅に低く、百三十九か国中最下位クラスです。

かつては世界の先端を走っていた日本企業ですが、時代の変化や働く個人の考え方の変化への対応が遅れ、競争力を失っていきました。企業の九十九・七%を占める中小企業の七割は赤字で、国際競争力を持つ企業はごく一握りに限られています。

それだからこそ「熱い想い」を、トップ自らの言葉と行動で社員や関係者にしっかり伝え、目指す方向を共有することが求められます。それにより働きがいがあり、働く人の意欲の高い競争力のある会社が創り上げられていきます。

本書をお読みいただき、改めて経営トップの「熱い想い」を感じとっていただければ、これ以上の喜びはありません。

これまで私たちを支えてくださった多くの皆さまに、心からお礼申し上げます。

執筆いただいた七名の執筆者の方々、亀岡睿一さん、木村仁さん、最後まで親身にサポートしていただいた金港堂の菅原真一さん、田高佳枝さん、本当にありがとうございました。
最後に本書の構成に協力いただいた都築麻帆さん、結菜さん、そして創業から今日まで支えてくれた妻、伸子と子供たちに感謝の気持ちを伝えます。

著者

参考

P166「人への投資」
日経スペシャルガイアの夜明け「勝ち抜け！世界サカナ戦争　～水産王国ニッポン　復活の道は？～」（二〇〇三年八月五日放送）

P170「意外性の発見」
NHKクローズアップ現代「大谷翔平　驚異の進化の舞台裏」（二〇二一年六月十五日放送）

P175「二刀流」
NHKスポーツ×ヒューマン「福岡堅樹を捕まえろ」（二〇二一年六月十四日放送）
https://www.nhk.jp/p/ts/KQ8893GKX6/episode/te/W3JNLN1JQJ/
NHKアーカイブス―人物―大賀典雄
https://www2.nhk.or.jp/archives/articles/?id=D0009250454_00000

著者プロフィール

長井　三郎（ながい　さぶろう）

1944年樺太生まれ、北海道旭川市出身。

東京経済大学卒業。大手繊維メーカーで人事、労務、教育を担当後、大手経営コンサルタント会社で経営指導、総合診断、教育を担当。1988年4月、亀岡睿一とともに「新しい価値の発見と創造」を使命として、総合経営コンサルタント会社、株式会社ニュークリエイトマネジメントを仙台で創業、2006年社長に就任し、現在に至る。

経営協力、総合診断、執筆をメインとして自社主催の講演、セミナー、教育のほか、仙台中法人会など東北六県の法人会、宮城県木材協同組合などの各種業界団体の主催、宮城県中小企業団体中央会などの支援による講演、セミナー、教育の講師を担当。主な共著に『社長から中堅幹部に贈る本』『―ビジネスマニュアル―できる幹部の七つ道具』（いずれもニュークリエイトマネジメント発行）などがある。

東北で輝く七社のトップと
経営コンサルタントが伝える
企業成長の物語

企業トップの熱く燃える想い

検	印
省	略

令和6年9月6日　初版

著　者　長　井　三　郎
発行者　藤　原　　直
発行所　株式会社金港堂
仙台市青葉区福沢町9-13
電話 仙台（022）397-7682
FAX 仙台（022）397-7683
印刷所　笹氣出版印刷株式会社

落丁本、乱丁本はお取りかえいたします。

ISBN 978-4-87398-168-0